CONTEÚDO DIGITAL PARA ALUNOS
Cadastre-se e transforme seus estudos em uma experiência única de aprendizado:

1 Entre na página de cadastro:
https://sistemas.editoradobrasil.com.br/cadastro

2 Além dos seus dados pessoais e dos dados de sua escola, adicione ao cadastro o código do aluno, que garantirá a exclusividade do seu ingresso à plataforma.

4059863A4092262

CB042199

3 Depois, acesse:
https://leb.editoradobrasil.com.br/
e navegue pelos conteúdos digitais de sua coleção :D

Lembre-se de que esse código, pessoal e intransferível, é valido por um ano. Guarde-o com cuidado, pois é a única maneira de você acessar os conteúdos da plataforma.

Editora do Brasil

TEMPO DE MATEMÁTICA

MIGUEL ASIS NAME
- Licenciado em Matemática.
- Pós-graduado em Álgebra Linear e Equações Diferenciais.
- Foi professor efetivo de Matemática da rede estadual durante trinta anos.
- Autor de diversos livros didáticos.

COLEÇÃO
TEMPO
MATEMÁTICA
4ª edição
São Paulo, 2019.

Dados Internacionais de Catalogação na Publicação (CIP)
(Câmara Brasileira do Livro, SP, Brasil)

Name, Miguel Asis

Tempo de matemática 8 / Miguel Asis Name. – 4. ed. –
São Paulo: Editora do Brasil, 2019. – (Coleção tempo)

ISBN 978-85-10-07889-4 (aluno)
ISBN 978-85-10-07890-0 (professor)

1. Matemática (Ensino fundamental) I. Título. II. Série.

19-30100 CDD-372.7

Índices para catálogo sistemático:
1. Matemática: Ensino fundamental 372.7
Maria Alice Ferreira – Bibliotecária – CRB-8/7964

© Editora do Brasil S.A., 2019
Todos os direitos reservados

Direção-geral: Vicente Tortamano Avanso

Direção editorial: Felipe Ramos Poletti
Gerência editorial: Erika Caldin
Supervisão de arte e editoração: Cida Alves
Supervisão de revisão: Dora Helena Feres
Supervisão de iconografia: Léo Burgos
Supervisão de digital: Ethel Shuña Queiroz
Supervisão de controle de processos editoriais: Roseli Said
Supervisão de direitos autorais: Marilisa Bertolone Mendes

Supervisão editorial: Rodrigo Pessota
Edição: Andriele de Carvalho Landim e Everton José Luciano
Assistência editorial: Cristina Perfetti, Erica Aparecida Capasio Rosa e Viviane Ribeiro
Copidesque: Giselia Costa, Ricardo Liberal e Sylmara Beletti
Revisão: Alexandra Resende, Andréia Andrade, Elis Beletti, Flávia Gonçalves e Marina Moura
Pesquisa iconográfica: Elena Molinari e Priscila Ferraz
Assistência de arte: Lívia Danielli
Design gráfico: Andrea Melo e Patrícia Lino
Capa: Megalo Design
Imagens de capa: Bomshtein/Shutterstock.com, studiocasper/iStockphoto.com, Triff/Shutterstock.com e ZU_09/iStockphoto.com
Ilustrações: Alexander Santos, Ariel Fajtlowicz, Carlos Seribelli, Danillo Souza, Desenhorama, Eduardo Belmiro, Estúdio Mil, Estúdio Ornitorrinco, Hélio Senatore, Ilustra Cartoon, Jorge Zaiba, José Wilson Magalhães, Luiz Lentini, Luiz Moura, Marcelo Azalim, Marcos Guilherme, Paula Lobo, Paulo Borges, Paulo José, Reinaldo Rosa, Rodrigo Arraya, Ronaldo Barata e Wasteresley Lima
Coordenação de editoração eletrônica: Abdonildo José de Lima Santos
Editoração eletrônica: JS Design
Licenciamentos de textos: Cinthya Utiyama, Jennifer Xavier, Paula Harue Tozaki e Renata Garbellini
Controle de processos editoriais: Bruna Alves, Carlos Nunes e Stephanie Paparella

4ª edição /3ª impressão, 2024
Impresso na Forma Certa Gráfica Digital

Avenida das Nações Unidas, 12901
Torre Oeste, 20º andar
São Paulo, SP – CEP: 04578-910
Fone: +55 11 3226-0211
www.editoradobrasil.com.br

Prezado aluno,

Neste livro, você vai:
- usar a mente e as mãos para construir conceitos matemáticos e aplicá-los;
- conferir como a Matemática está presente no seu dia a dia;
- resolver questões com diferentes níveis de dificuldade – inclusive de vestibulares, da Olimpíada Brasileira de Matemática das Escolas Públicas (OBMEP), do Saresp etc. – para começar a se familiarizar com esse tipo de desafio.

Sempre que necessário, consulte seu professor. Ele e este livro são seus parceiros nesta caminhada.

O autor

SUMÁRIO

CAPÍTULO 1

Números naturais 7

    Conjunto dos números naturais.........................8

CAPÍTULO 2

Números inteiros 12

    Conjunto dos números inteiros.........................12

CAPÍTULO 3

Números racionais...........................16

    Ampliando o conjunto dos números inteiros $\mathbb{Z}$ 16

    O conjunto dos números racionais $\mathbb{Q}$...............17

        Números decimais exatos.........................17

        Números decimais periódicos.........................18

CAPÍTULO 4

Propriedades das potências 24

    Revendo a potenciação 24

        Potência de expoente natural.........................24

    Extensão do conceito de potência 26

    Propriedades das potências 27

    Propriedades das potências no conjunto dos números racionais $\mathbb{Q}$ 28

    Notação científica 30

CAPÍTULO 5

Radiciação no conjunto $\mathbb{N}$ e no conjunto $\mathbb{Z}$ 36

    Raízes exatas em $\mathbb{N}$...........................36

    Raízes exatas em $\mathbb{Z}$ 38

    Expressões numéricas 40

CAPÍTULO 6

Radiciação em $\mathbb{Q}$ 44

    Raízes exatas em $\mathbb{Q}$...........................44

        Cálculo de raízes aproximadas 44

    Expressões numéricas em $\mathbb{Q}$ 45

CAPÍTULO 7

Expressões algébricas e sequências 50

    Expressões algébricas 50

    Valor numérico de uma expressão algébrica ...52

    Expressões algébricas e sequências 54

CAPÍTULO 8

Monômios 58

    Monômio ou termo algébrico 58

        Partes de um monômio.........................58

        Grau de um monômio.........................58

        Monômios ou termos semelhantes 60

    Adição algébrica de monômios.........................61

    Multiplicação de monômios 62

    Divisão de monômios.........................62

    Potenciação de monômios.........................64

CAPÍTULO 9

Polinômios...68

    Grau de um polinômio.........................70

    Utilizando polinômios para representar situações-problema 70

    Operações com polinômios.........................72

        Adição 72

        Subtração 72

        Multiplicação de monômio por polinômio ... 75

        Multiplicação de polinômio por polinômio .. 76

        Divisão de polinômio por monômio...............78

        Divisão de polinômio por polinômio.............79

CAPÍTULO 10

Equações do 2º grau do tipo $ax^2 = b$ 84

Revendo equações do 1º grau 84

Problemas resolvidos por meio de equações do 1º grau 85

Relembrando informações 85

Resolução de problemas representados por equações 85

Equações do 2º grau do tipo $ax^2 = b$ 87

CAPÍTULO 11

Sistemas de equações do 1º grau com duas incógnitas 92

Equações do 1º grau com duas incógnitas 92

Método da substituição 93

Método da adição 95

Sistemas impossíveis e sistemas indeterminados 98

CAPÍTULO 12

Probabilidade 104

Princípio multiplicativo 104

Probabilidades 106

CAPÍTULO 13

Estatística 110

Gráficos de barras e gráficos de setores 110

Gráficos de linhas 111

Pictogramas 112

Média e amplitude 114

Moda e mediana num conjunto de dados 116

Moda 116

Mediana 116

CAPÍTULO 14

Proporcionalidade 122

Grandezas diretamente proporcionais e grandezas inversamente proporcionais 122

Relação algébrica entre grandezas proporcionais 125

CAPÍTULO 15

Porcentagens 130

Cálculo da taxa percentual 130

Mais problemas que envolvem porcentagens 132

Da parte para o todo 132

Decréscimo/descontos – cálculo direto 132

Acréscimos/aumentos – cálculo direto 133

CAPÍTULO 16

Congruência de triângulos 136

Figuras congruentes 136

Congruência de triângulos 137

Casos de congruência de triângulos 138

CAPÍTULO 17

Elementos notáveis de um triângulo 144

Ponto médio de um segmento 144

Medianas e baricentro de um triângulo 144

Bissetriz de um ângulo 144

Bissetrizes e incentro de um triângulo 145

Alturas e ortocentro de um triângulo 145

Mediatriz de um segmento 147

Circuncentro de um triângulo 147

Construção de ângulos de 90°, 45°, 60° e 30° 149

Triângulos isósceles e triângulos equiláteros 150

CAPÍTULO 18

Quadriláteros **154**

Classificação dos quadriláteros......................154

Trapézios...154

Paralelogramos.......................................155

Paralelogramos especiais 155

Propriedades dos paralelogramos...............156

Propriedade das diagonais do retângulo 160

Propriedade das diagonais do losango 160

Propriedades dos trapézios isósceles..........161

CAPÍTULO 19

**Polígonos regulares
e circunferência** **168**

Polígonos regulares 168

Polígonos inscritos na circunferência...........168

Ângulo central e arcos de circunferência 169

Arcos 169

Ângulo central..169

Construção do quadrado inscrito
na circunferência 170

Construção do hexágono regular inscrito
na circunferência 170

CAPÍTULO 20

**Área de polígonos
e área do círculo** **174**

Área de polígonos..174

Problemas que envolvem área
de polígonos...175

Revisando o comprimento de uma
circunferência 177

Área do círculo 179

Um processo experimental.............................179

CAPÍTULO 21

Volumes e capacidades....................**184**

Volume de paralelepípedos............................184

Relações entre medidas de capacidade
e de volume..187

CAPÍTULO 1
Números naturais

Você acha que os números presentes nas situações abaixo são do mesmo tipo?

↑ Rita tem 5 chaveiros.

↑ Diana comprou $\frac{1}{2}$ kg de carne.

↑ Lucas comprou tubos de $2\frac{1}{4}$ polegadas.

↑ Está −2 °C em Nova York.

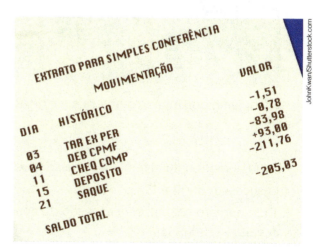

↑ O saldo de Henrique no banco é de −R$ 205,03.

Você já conhece muitos tipos de número, não é mesmo? Nos próximos capítulos, vamos organizá-los e retomar informações e características de cada um.

Nos anos anteriores, você estudou o conjunto dos números naturais, o dos números inteiros e dos números racionais. Os diferentes tipos de número foram surgindo para resolver situações da vida cotidiana e também da própria Matemática.

Historicamente, as principais fontes que deram origem aos números foram duas: contagem e medidas.

Conjunto dos números naturais

Como destacamos, o objetivo dos três primeiros capítulos é fazer uma breve revisão do estudo dos números com os quais você já teve contato nos anos anteriores. Além disso, você terá oportunidade de exercitar um pouco mais as operações e a resolução de problemas.

Os números naturais têm origem na necessidade de contar. Além da contagem, são utilizados para:

- identificar pessoas, endereços etc.;

- ordenar;
- estabelecer medidas, entre outros.

O conjunto dos **números naturais** é indicado pelo símbolo ℕ e representado da seguinte forma:

ℕ = {0, 1, 2, 3, ...}   0   1   2   3   ...

1. Todo número natural tem um sucessor, e existem infinitos números naturais.
   - O sucessor de 15 é 16.
   - O sucessor de 3 000 é 3 001.
2. Todo número natural, com exceção do zero, tem um antecessor.
   - O antecessor de 13 é 12.
   - O antecessor de 1 000 é 999.

Dois ou mais números naturais em sequência são chamados de **números consecutivos**. Os números:

- 15 e 16 são consecutivos;
- 99, 100 e 101 são consecutivos.

É sempre possível somar dois números naturais ou multiplicar um número natural por outro e, nessas duas operações, o resultado é sempre um número natural.

Já a subtração entre dois números naturais nem sempre resulta em um número natural. Por exemplo, as operações 7 − 10 e 25 − 30 não têm como resultado um número natural. Daí a necessidade de ampliar o conjunto ℕ introduzindo os números negativos.

EXERCÍCIOS

DE FIXAÇÃO

1. Responda:

a) Qual é o menor número natural?

b) Existe o maior número natural?

c) Quantos números naturais existem?

2. Quais destes números são naturais?

7	0	3,8
26	1	89
−3	6,2	$\sqrt{4}$
154	1001	$\frac{15}{5}$

3. Complete estas sequências.

a)

	16	25	36		64

b)

8	27		125	216	

c)

5	7	11	13	17	

4. Responda:

a) Qual é o sucessor de 18 999?

b) Qual é o antecessor de 53 000?

c) De que número 4 000 é o sucessor?

d) De que número 7 650 é o antecessor?

5. Determine o sucessor do maior número natural constituído de sete algarismos.

6. Se eu quero representar o antecessor de n, escrevo $n - 1$. Se quero representar o sucessor de n, como devo escrever?

7. Utilizando uma só vez os algarismos 3, 5, 6 e 8, escreva:

a) o maior número natural;

b) o maior número par;

c) o menor número par;

d) o menor número ímpar.

8. Quantos números naturais há de 30 a 57?

9. Quantos números naturais há entre 204 e 262?

10. Escreva o número 21 como:

a) o produto de dois números ímpares;

b) a soma de dois números naturais consecutivos;

c) a soma de três números naturais consecutivos;

d) a soma de três números naturais ímpares consecutivos.

11. Calcule a soma do quadrado de 8 com o cubo de 5.

12. Usando os algarismos 5, 6 e 7, sem repeti-los, quantos números é possível formar?

a) Dois números de três algarismos.

b) Três números de três algarismos.

c) Quatro números de três algarismos.

d) Seis números de três algarismos.

13. No sistema de numeração decimal, quantos são os números escritos com três algarismos?

a) 800   b) 899   c) 900   d) 901

14. Um capítulo de um livro começa na página 28 e termina na página 45. O número de páginas desse capítulo é:

a) 18.   b) 16.   c) 17.   d) 19.

15. O aniversário de Karina é 9 de maio. Sua prima Célia é 13 dias mais jovem. Em que dia é o aniversário de Célia?

16. Os resultados de 8^0 e 0^8 são respectivamente:

a) 8 e 0.   c) 1 e 0.

b) 8 e 2.   d) 1 e 8.

17. (Obmep) Cláudia inverteu as posições de dois algarismos vizinhos no número 682 479 e obteve um número menor. Quais foram esses algarismos?

a) 6 e 8   c) 2 e 4   e) 7 e 9

b) 8 e 2   d) 4 e 7

EXERCÍCIOS
COMPLEMENTARES

Regras de prioridade das operações
- Os cálculos indicados dentro de parênteses devem ser efetuados primeiro.
- A potenciação tem prioridade sobre a multiplicação e a divisão.
- A multiplicação e a divisão têm prioridade sobre a adição e a subtração.
- Entre duas operações com a mesma prioridade, efetua-se a que aparece primeiro da esquerda para a direita.

18. Qual é o valor de 1000 − 100 + 10 − 1?

19. Calcule o valor destas expressões.
a) $4 \cdot 6 + 10 : 2$
b) $7^2 - 10 + (2^3 - 5)$
c) $15 + (1^5 \cdot 6 + 4) : 5$
d) $30 : (3 \cdot 7 + 9) + 2^3$
e) $3^2 + 5^2$
f) $(3 + 5)^2$
g) $10^2 - 3^2$
h) $(10 - 3)^2$
i) $24 - 2 \cdot (4^2 - 10) + 7^0$
j) $(1^9 + 6^2 : 3^2) \cdot 2^3$
k) $(228 : 6 : 2 - 1^{13}) : 9$

20. Rodrigo tem 76 adesivos e Frederico tem 58. Quantos adesivos Rodrigo deve dar a Frederico para que eles fiquem com a mesma quantidade de adesivos?

21. Três amigos, Paulo, Lúcio e Mário, jogam pingue-pongue. Após cada partida, quem perde sai. Sabe-se que Paulo jogou 17 partidas, Lúcio jogou 13 e Mário jogou 12. Quantas partidas foram jogadas?

22. Bruna foi a uma loja e comprou:
- uma calça preta e uma branca;
- uma camiseta verde, uma vermelha e uma amarela.

De quantas maneiras diferentes ela poderá se vestir?

23. Dois irmãos são viajantes.
- Lúcio volta para casa nos dias 2, 4, 6, ...
- Tiago volta para casa nos dias 3, 6, 9, ...

Em quais dias do mês de abril os dois irmãos podem ser encontrados em casa?

24. Fernanda tem entre 70 e 75 chaveiros. O número de chaveiros dela é um múltiplo de 3 e de 4. Quantos chaveiros tem Fernanda?

25. (PUC-SP) No esquema abaixo, o número 14 é o resultado que se pretende obter para a expressão final encontrada ao efetuar-se, passo a passo, a sequência de operações indicadas, a partir de um dado número x.

Qual é o número x que satisfaz as condições do problema?

PANORAMA

FAÇA AS ATIVIDADES A SEGUIR E REVEJA O QUE VOCÊ APRENDEU.

NO CADERNO

26. O oitavo termo da sequência abaixo é:

0, 3, 8, 15, 24, ...

a) 63.   b) 65.   c) 67.   d) 68.

27. Qual das seguintes expressões numéricas não admite solução no conjunto ℕ?

a) 6 : 4 + 2   c) 15 : 5 + 0
b) 0 · 8 + 3   d) 17 + 6 : 2

28. Para o enunciado abaixo ser verdadeiro, deve-se substituir o sinal de interrogação entre o 6 e o 3 por:

(6 ? 3) + 4 − (2 − 1) = 5

a) +   b) −   c) :   d) ·

29. (Fuvest-SP) Num bolão, sete amigos ganharam vinte e um milhões, sessenta e três mil e quarenta e dois reais. O prêmio foi dividido em sete partes iguais. Logo, o que cada um recebeu, em reais, foi:

a) 3 009 006,00.   c) 3 900 060,00.
b) 3 090 006,00.   d) 3 009 006,50.

30. (FJG-RJ) A soma das idades de Antônio, Bernardo e Carlos corresponde à idade do pai deles. Antônio tem 8 anos a mais que Carlos, e Bernardo, que tem 15 anos, tem 5 anos a mais que Carlos. A idade do pai é:

a) 43 anos.   c) 47 anos.
b) 45 anos.   d) 49 anos.

31. Esta formiga caminhará de A até C passando por B. Ela só anda pelas estradas que já construiu.

O número de caminhos diferentes que ela pode escolher é:

a) 6.   b) 7.   c) 10.   d) 12.

32. Com um balde de água, eu encho 12 garrafas. Com uma garrafa, encho 6 copos. Assim, o número de copos necessários para encher um balde é:

a) 18.   c) 64.
b) 36.   d) 72.

33. (Saresp) Em um jogo os participantes vão recebendo fichas de diferentes valores. Em uma partida, Clara recebeu 5 fichas de 2 pontos cada uma, 4 fichas de 3 pontos cada uma e 3 fichas de 5 pontos cada uma. Se o vencedor é o primeiro a completar 40 pontos, Clara:

a) perdeu, pois ficaram faltando 4 pontos.
b) perdeu, pois ficaram faltando 3 pontos.
c) perdeu, pois ficaram faltando 2 pontos.
d) venceu com um ponto a mais que o necessário.

34. (OCM-CE) Eu e mais três amigos fomos a um passeio e gastamos juntos R$ 15,00. Gastei R$ 3,00, o primeiro amigo gastou o dobro do que gastei e o segundo amigo gastou um terço do que gastei. Quanto gastou o terceiro amigo?

a) R$ 3,00
b) R$ 4,00
c) R$ 5,00
d) R$ 6,00

35. (UFRJ) Paulo realizou uma viagem de 480 km num carro cujo consumo médio de combustível é de 12 km por litro. A capacidade do tanque deste carro é de 55 litros. Então, o número de litros de combustível restante no tanque, após essa viagem, é de:

a) 5.   c) 15.
b) 10.   d) 20.

CAPÍTULO 2
Números inteiros

Os números naturais não são suficientes para resolver situações do dia a dia. Para esses casos, necessita-se de outro tipo de número: os **números inteiros**. Veja exemplos da conversa de Rafael com sua prima Renata, que mora no Canadá, e da situação de Júlio, que tinha R$ 1.000,00 em sua conta no banco e retirou R$ 1.200,00.

Conjunto dos números inteiros

Os números naturais e os números inteiros negativos constituem o conjunto dos números inteiros, indicado pelo símbolo $\mathbb{Z}$:

$$\mathbb{Z} = \{..., -3, -2, -1, 0, 1, 2, 3, ...\}$$

Veja:

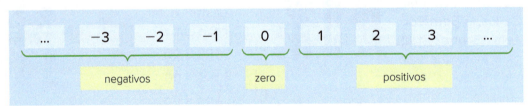

Note que o número zero não é positivo nem negativo. Note também que todo número natural é um número inteiro.

No conjunto $\mathbb{Z}$ sempre é possível efetuar a adição, a multiplicação e a subtração. Isso significa que a soma, o produto e a diferença de dois números inteiros resultam sempre em um número inteiro.

Já a divisão entre dois números inteiros nem sempre resulta em um número inteiro.

Por exemplo:

- 10 : 6
- (−15) : 8

não resultam em um número inteiro.

Daí a necessidade de ampliar o conjunto $\mathbb{Z}$ criando um conjunto que abrangesse as frações, as quais possibilitam representar quantidades não inteiras.

EXERCÍCIOS DE FIXAÇÃO

1. Responda:

a) Existe o menor número inteiro?

b) Existe o maior número inteiro?

c) Quais são os números naturais entre −3 e 3?

d) Quais são os números inteiros entre −3 e 3?

2. Quais destes números são **inteiros**?

8	0	4,7	−6
−1,2	1001	−93	54
$\frac{4}{3}$	$\frac{-20}{5}$	$\frac{6}{2}$	0,1

3. Complete estas sequências com mais três termos.

a) −14, −11, −8

b) +37, +26, +15

4. Os pontos A, B e C representam que números na reta numérica?

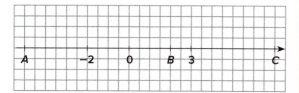

5. Qual é o número maior:

a) −42 ou 0?

b) −18 ou 18?

c) −25 ou −52?

d) +30 ou −100?

6. Responda:

a) Qual é o sucessor de −5?

b) Qual é o antecessor de −5?

c) Qual é o sucessor de −99?

d) Qual é o antecessor de −99?

7. Complete esta sequência adicionando sempre o mesmo número ao anterior.

8. Observe esta figura.

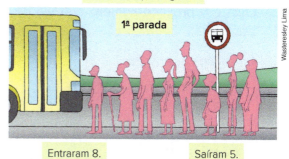

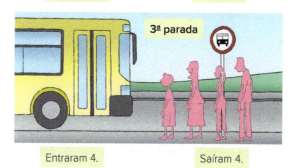

a) Complete a tabela a seguir.

Parada	Entraram	Saíram	Variação
1ª	+8	−5	+3
2ª			
3ª			

b) Com quantos passageiros o ônibus chegou à 4ª parada?

EXERCÍCIOS COMPLEMENTARES

9. Marta está escrevendo uma sequência de oito números:

120, 115, 105, 90, 70, 45, 15, ...

Qual é o próximo número que ela deverá escrever?

10. Calcule as operações:

a) $-9 + 6 - 2$

b) $4 \cdot 3 - 20$

c) $12 \cdot 5 - 100$

d) $-40 + 8 \cdot 5$

e) $-28 - 6 \cdot 7$

f) $3 \cdot (-9) + 14$

g) $-30 + 6 \cdot (-1)$

h) $-10 \cdot (-2) - (-18)$

i) $2 \cdot (-6) + (-5) \cdot (-3)$

j) $(-4)^3 : (-2)^3 - 3 \cdot (-4)$

k) $7 + (-2)^3 + 1$

l) $(-8)^2 - 2 - (-1)$

m) $9 + (3 - 5) + (-6 - 2)$

n) $-(4 - 6) - (-3 + 8) - (-1)$

o) $-2 \cdot (9 - 15) - 12 + 1^9$

11. Em uma loja havia 4 sacos de ração, com 50 quilos em cada um deles. Durante a semana, os funcionários puseram e tiraram ração dos sacos, sem se esquecer de indicar quantos quilos foram retirados ou acrescentados em relação à quantidade inicial.

a) Quantos quilos de ração há em cada saco?

b) Quantos quilos de ração há no total?

12. Qual é a soma de todos os números inteiros entre -38 e $+38$?

13. O saldo bancário de Vicente passou de -273 reais para $+819$ reais. Quanto foi depositado em sua conta?

14. Em Campos do Jordão, durante a madrugada, o termômetro marcava -2 graus. Após o nascer do Sol, a temperatura subiu 10 graus. Qual temperatura o termômetro passou a marcar?

15. Some o cubo de (-5) com o triplo de (-5).

16. O saldo médio bancário é dado pelo quociente entre a soma dos saldos diários e o número de dias.

Durante os primeiros cinco dias de setembro a conta de Mateus teve os saldos a seguir.

- primeiro dia: + R$ 250,00
- segundo dia: − R$ 200,00
- terceiro dia: − R$ 700,00
- quarto dia: + R$ 150,00
- quinto dia: − R$ 100,00

Qual é o saldo médio de Mateus nesses cinco dias?

PANORAMA

FAÇA AS ATIVIDADES A SEGUIR E REVEJA O QUE VOCÊ APRENDEU.

NO CADERNO

17. Qual é o próximo termo desta sequência?

2, 0, −2, ...

a) 0   b) 4   c) −3   d) −4

18. Dos números 0, 10, −10 e −20, o menor é:

a) 0.   b) 10.   c) −10.   d) −20.

19. Os resultados de (3 + 7), (3 − 7), (−3 + 7) e (−3 − 7) são, respectivamente:

a) 10, 4, 4 e 10.
b) 10, 4, −4 e 10.
c) 10, −4, 4 e −10.
d) 10, −4, −4 e −10.

20. Os resultados de 5 − 2 − 7 e (−4) · (5 − 3) são, respectivamente:

a) 4 e 8.
b) 14 e 32.
c) 0 e −32.
d) −4 e −8.

21. O valor da expressão (−90) : (−5) · (−10) é:

a) 108.
b) 180.
c) −108.
d) −180.

22. Os resultados de $(-3)^2$, -3^2, $(-2)^3$ e -2^3 são respectivamente:

a) 9, 9, 8 e −8.
b) 9, 9, −8, e 8.
c) 9, −9, −8 e −8.
d) −9, −9, −8 e −8.

23. (Unip-SP) O valor da expressão numérica $-4^2 + (3-5) \cdot (-2)^3 + 3^2 - (-2)^4$ é:

a) 7.   b) 8.   c) 15.   d) −7.

24. (SEE-SP) Sérgio fez algumas experiências com um termômetro. Quando o mesmo atingiu 15 °C, ele o colocou no congelador. Algum tempo depois, a temperatura caiu 20 °C. Quanto passou a ser a temperatura registrada no termômetro?

a) 5 °C
b) 10 °C
c) −5 °C
d) −15 °C

25. (UFPR) Considere as seguintes expressões numéricas:

$A = -2 + 3(1 - 2) - (-1)$
$B = 5 - [7 - (1 + 2 - 4)]$

Calcule os valores de A e B e, com base nesses valores, identifique a alternativa correta.

a) $A \cdot B = 12$
b) $A \cdot B = -12$
c) $A - B = 1$
d) $A - B = -7$

26. O quadro abaixo mostra o extrato bancário de Mauro no dia 3 de maio:

Data	Histórico	Valor (R$)
03/05	saldo	−140,00
	depósito	+860,00
	saque	−370,00
	cheque	−250,00
	depósito	+80,00
	cheque	−200,00

Qual é o saldo de Mauro, em reais, ao final desse dia?

a) −20,00
b) −30,00
c) −40,00
d) −60,00

27. (Prominp) Em um campeonato de futebol, três times se enfrentaram na primeira fase, e os resultados foram os seguintes:

- A venceu B por 4 a 1;
- B venceu C por 3 a 0;
- C venceu A por 2 a 1.

Como cada time obteve uma vitória e uma derrota, classificou-se para a fase seguinte o time com maior saldo de gols (diferença entre o número de gols marcados e sofridos). O saldo de gols do time classificado foi:

a) −1.   b) 0.   c) +1.   d) +2.

28. Seja x um número inteiro negativo. Qual é o maior valor?

a) x + 1   b) x − 2   c) 2x   d) −2x

15

CAPÍTULO 3
Números racionais

Ampliando o conjunto dos números inteiros ℤ

Vimos que a adição, a subtração e a multiplicação de dois números inteiros sempre resulta em um número inteiro.

Mas a divisão de dois números inteiros muitas vezes não resulta em um número inteiro.

Por exemplo, o resultado de 3 : 4 não é inteiro.

No entanto, sabemos que 3 : 4 pode ser efetuado. Veja abaixo.

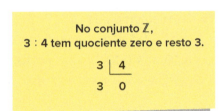

No conjunto ℤ,
3 : 4 tem quociente zero e resto 3.

3 | 4
3   0

A. Vamos dividir 3 chocolates entre 4 crianças.

Dividimos cada chocolate em 4 partes iguais e demos 3 partes para cada uma delas.

Cada criança recebeu $\frac{3}{4}$ de chocolate.

$$3 : 4 = \frac{3}{4} \quad \text{Forma fracionária}$$

B. Também podemos dividir 3 por 4 usando o quociente decimal:

3 | 4   Para prosseguir a divisão, trocamos 3 unidades por 30 décimos.   3 | 4
3   0   30 0

3 | 4
30 0,75   30 décimos divididos por 4 resultam em 7 décimos, restando 2 décimos
 20   Trocamos 2 décimos por 20 centésimos.
  0   20 centésimos divididos por 4 resultam em 5 centésimos e o resto é zero

$$3 : 4 = 0{,}75 \quad \text{Forma decimal}$$

O conjunto dos números inteiros foi então ampliado para que divisões entre dois inteiros pudessem ser representadas.

O conjunto dos números racionais ℚ

Divisões que não tinham resultado em ℤ têm resultado no conjunto dos números racionais, representado pela letra ℚ.

Todo número racional pode ser escrito na forma $\frac{a}{b}$ ou $a : b$, sendo a e b números inteiros, com $b \neq 0$, pois não existe divisão por zero.

Os números naturais são também números racionais, pois todo número natural pode ser escrito na forma de fração.

$$5 = \frac{5}{1} = \frac{10}{2} = ... \qquad 7 = \frac{7}{1} = \frac{21}{3} = ...$$

Os números inteiros são também números racionais.

$$-1 = \frac{5}{-5} = \frac{-9}{9} = ... \qquad -6 = \frac{-6}{1} = \frac{-24}{4} = ...$$

Num diagrama:

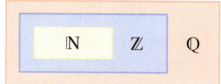

O quociente entre dois números inteiros sempre será igual a um destes tipos de número:

- inteiro: $\frac{10}{5} = 2$

- decimal exato: $\frac{4}{5} = 4 : 5 = 0,8$

- dízima periódica: $\frac{2}{3} = 2 : 3 = 0,666...$

Não há outra opção.

No conjunto ℚ, as operações de adição, subtração, multiplicação e divisão (com divisor diferente de zero) sempre são possíveis.

Números decimais exatos

Vamos escrever sob a forma de fração os seguintes números decimais exatos:

A. $0,\underbrace{79}_{\text{duas casas decimais}} = \frac{79}{1\underbrace{00}_{\text{dois zeros}}}$

B. $1,\underbrace{843}_{\text{três casas decimais}} = \frac{1843}{1\underbrace{000}_{\text{três zeros}}}$

Lembramos que 1,843 é o mesmo que 1 inteiro e 843 milésimos.

Logo: $1,843 = \frac{1843}{1000}$ ou $1,843 = 1\frac{843}{1000}$

Números decimais periódicos

Vamos escrever na forma fracionária alguns números decimais periódicos.

A. Escrever sob forma de fração: 0,444...

> dízima periódica simples
> período: 4

Fazendo $x = 0,444...$, tem-se:

$10x = 4,444...$ ← multiplicamos por 10

Então: $10x - x = 4,444... - 0,444...$

$9x = 4$

$x = \dfrac{4}{9}$

B. Escrever sob forma de fração: 0,3535...

> dízima periódica simples
> período: 35

Fazendo $x = 0,3535...$, tem-se:

$100x = 35,3535...$ ← multiplicamos por 100

Então: $100x - x = 35,3535... - 0,3535...$

$99x = 35$

$x = \dfrac{35}{99}$

Observando os exemplos acima, podemos estabelecer a seguinte regra prática:

$$0,3535... = \dfrac{35}{99}$$

período → 35
Tantos noves quantos são os algarismos do período.

C. Escrever sob forma de fração: 5,333...

> dízima periódica simples
> período: 3

Então: $5,333... = 5 + 0,333...$

$= 5 + \dfrac{3}{9}$

$= \dfrac{48}{9}$

$= \dfrac{16}{3}$

D. Escrever sob forma de fração: 0,2777...

> dízima periódica composta
> período: 7
> parte não periódica: 2

Então: $0,2777... = \dfrac{2,777...}{10}$

$= \dfrac{2 + 0,777...}{10}$

$= \dfrac{2 + \dfrac{7}{9}}{10}$

$= \dfrac{\dfrac{25}{9}}{10} = \dfrac{25}{90} = \dfrac{5}{18}$

EXERCÍCIOS DE FIXAÇÃO

1. O que você pode dizer ao comparar estes números?

$$-\frac{5}{10} \quad -\frac{17}{34} \quad -0,5 \quad -\frac{1}{2}$$

2. Escreva na forma decimal:

a) $\frac{5}{4}$

b) $\frac{2}{3}$

Solução:

a) $\frac{5}{4} = 1,25$

```
 5  | 4
10   1,25
 20
  0
```
A divisão terminou.

b) $\frac{2}{3} = 0,666...$

```
20  | 3
20   0,666...
 20
 20
  2
```
A divisão nunca vai terminar.

Obtemos a representação decimal **dividindo** o numerador pelo denominador. O quociente poderá ser um **decimal exato** ou uma **dízima periódica**.

3. Os números representados a seguir são iguais ou diferentes?

a) $\frac{16}{8}$ e 2

b) $\frac{12}{1}$ e 1,2

c) $\frac{22}{9}$ e $\frac{7}{3}$

d) $\frac{1}{5}$ e $\frac{3}{15}$

e) $\frac{11}{2}$ e 5,5

f) $\frac{7}{9}$ e 0,777...

4. Escreva a representação decimal dos números abaixo.

a) $\frac{9}{5}$

b) $\frac{3}{8}$

c) $-\frac{1}{2}$

d) $-\frac{1}{10}$

e) $\frac{1}{9}$

f) $\frac{8}{3}$

5. Represente na forma de fração, simplificando quando possível:

a) 0,3
b) 0,03
c) 0,005
d) 1,6
e) 0,83
f) −4,5
g) 13,7
h) 2,002
i) 0,0007
j) 3,290

6. Quais destas frações representam dízimas periódicas?

$$\frac{1}{5} \quad \frac{1}{6} \quad \frac{1}{7} \quad \frac{1}{8}$$

7. Indique, pelas letras, quais dos pacotes a seguir têm a mesma quantidade.

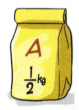

A $\frac{1}{2}$ kg B 0,25 kg C $\frac{3}{2}$ kg

D 1,75 kg E $\frac{1}{4}$ kg

F 0,5 kg G $1\frac{3}{4}$ kg H 1,5 kg

8. Quanto custam 15 laranjas?

9. Escreva sob a forma de fração:

a) 0,555...
b) 0,3737...
c) −0,888...
d) −3,222...
e) −1,2121...
f) 0,0505...
g) 2,0101...
h) 0,5666...
i) 1,4333...
j) 6,0707...

10. Calcule:

a) $0{,}777\ldots - \dfrac{1}{2}$

b) $1{,}222\ldots + \dfrac{1}{6}$

c) $0{,}555\ldots + \dfrac{2}{3} - \dfrac{1}{6}$

d) $\left(0{,}222\ldots + \dfrac{1}{3}\right) : \dfrac{2}{3}$

11. Consideremos um quadrado cuja área seja 25. A área da parte pintada de cada figura pode ser representada na forma fracionária ou na forma decimal. Observe as figuras a seguir e responda às perguntas.

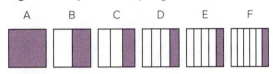

a) Qual número natural está relacionado à parte pintada na figura E?

b) Qual número decimal está relacionado à parte pintada na figura D?

c) Qual dízima periódica está relacionada à parte pintada na figura C? É uma dízima periódica simples ou composta? Qual é seu período?

d) Qual dízima periódica está relacionada à parte pintada na figura F?

12. Qual é a melhor oferta abaixo?

AQUI TEM MAIS

Vamos mostrar que 0,999... é igual a 1.

Seja: $x = 0{,}999\ldots$
$10x = 9{,}999\ldots$

$10x = 9{,}999\ldots$
$-x = 0{,}999\ldots$
_____
$9x = 9$

$x = \dfrac{9}{9}$

$x = 1$

Veja as interpretações que daremos para as dízimas de período 9:

A. 0,4999... = 0,5
B. 0,6999... = 0,7
C. 8,41999... = 8,42
D. 29,999... = 30

NÃO PARECE, MAS...

EXERCÍCIOS COMPLEMENTARES

13. Efetue as operações a seguir e expresse o resultado na forma de fração.

a) $2 + 0,1$

b) $1,5 + \dfrac{3}{4}$

c) $\dfrac{8}{5} + 0,2$

d) $10 + 0,333\ldots$

e) $0,444\ldots + 0,4$

f) $0,5 + 0,222\ldots$

14. Dois funcionários marcaram a massa em kg de farinha nos sacos. Um deles usou registros na forma de número misto e o outro, na forma de número decimal. Quantos quilogramas de farinha há no total?

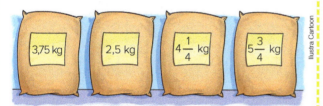

Dê a resposta utilizando os dois registros.

15. Qual número é maior:

a) $\dfrac{5}{10}$ ou $\dfrac{5}{9}$?

b) $0,5$ ou $0,555\ldots$?

c) $\dfrac{7}{10}$ ou $\dfrac{7}{9}$?

d) $0,7$ ou $0,777\ldots$?

16. (OCM-CE) Qual pilha de moedas tem mais dinheiro?

a) Uma com 5 moedas de 50 centavos.

b) Uma com 150 moedas de 1 centavo.

c) Uma com 9 moedas de 25 centavos e 1 de 10 centavos.

d) Uma com 2 moedas de 50 centavos, 4 de 25 centavos e 3 de 10 centavos.

17. (Cefet-SP) Um feirante compra maçãs ao preço de R$ 0,44 cada duas unidades e as vende ao preço de R$ 2,00 cada cinco unidades. Qual é o número de maçãs que deverá vender para obter lucro de R$ 45,00?

18. Calcule:

a) $0,7 + \dfrac{1}{2}$

b) $2,1 - \dfrac{1}{5}$

c) $0,3 + \left(\dfrac{1}{2}\right)^2$

d) $0,7 \cdot \left(-\dfrac{1}{10}\right)$

e) $0,5 + \dfrac{1}{2} - \dfrac{1}{5}$

f) $0,2 + \dfrac{1}{5} \cdot \dfrac{7}{2}$

19. Na reta numérica a seguir, as letras A e B representam respectivamente os números:

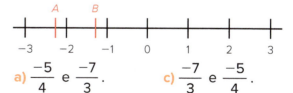

a) $\dfrac{-5}{4}$ e $\dfrac{-7}{3}$.

b) $-2,8$ e $-0,8$.

c) $\dfrac{-7}{3}$ e $\dfrac{-5}{4}$.

d) $\dfrac{-11}{3}$ e $\dfrac{-4}{5}$.

20. (Mack-SP) Calcule:

$$\dfrac{2}{3} : (1 - 0,25) + \dfrac{1}{2} \cdot \left(\dfrac{2}{3} - 0,75\right)$$

21

EXERCÍCIOS

SELECIONADOS

21. Dividindo-se R$ 31,00 igualmente entre 4 pessoas, quanto receberá cada uma?

22. (Saresp) André dividirá quatro barras de chocolate igualmente entre seus cinco netos. A fração da barra de chocolate que cada menino receberá é:

a) $\dfrac{5}{4}$. b) $\dfrac{4}{5}$. c) $\dfrac{1}{5}$. d) $\dfrac{1}{4}$.

23. Qual número inteiro representa cada uma destas frações?

$\dfrac{23}{23}$ $\dfrac{42}{6}$ $\dfrac{144}{12}$ $\dfrac{100}{10}$ $\dfrac{0}{9}$

24. Procure, entre os cartões a seguir, aquele que corresponde a cada condição:

A. $\dfrac{20}{9}$ B. $\dfrac{20}{5}$ C. $\dfrac{20}{6}$

a) Representa um número inteiro.
b) Representa um número entre 2 e 3.
c) Representa um número entre 3 e 4.

25. Complete as frações a seguir de forma que todas representem o mesmo que $\dfrac{7}{28}$.

a) $\dfrac{\square}{56}$ d) $\dfrac{\square}{140}$

b) $\dfrac{70}{\square}$ e) $\dfrac{\square}{4}$

c) $\dfrac{21}{\square}$ f) $\dfrac{\square}{2800}$

26. Calcule:

a) $0{,}3 + \left(-\dfrac{1}{2}\right)$ b) $0{,}7 \cdot \left(-\dfrac{1}{2}\right)$

27. Quantos números inteiros há entre $-\dfrac{2}{3}$ e $\dfrac{2}{3}$?

28. Efetue estas operações e expresse o resultado na forma de fração.

a) $0{,}666\ldots - \dfrac{1}{2}$ c) $1{,}222\ldots + \dfrac{1}{3}$

b) $2{,}555\ldots - \dfrac{2}{9}$ d) $1{,}333\ldots - \dfrac{1}{6}$

29. (NCE-UFRJ) João escreveu o número decimal 1,25 na forma de fração. João encontrou uma fração equivalente a esta com o numerador igual a 15 e outra com o numerador igual a 20. A soma dos denominadores das duas frações equivalentes encontradas por João é igual a:

a) 12.
b) 16.
c) 18.
d) 28.
e) 40.

30. (UFPI) A fração da dízima periódica 24,444... é:

a) $\dfrac{22}{9}$.   c) $\dfrac{220}{9}$.

b) $\dfrac{9}{22}$.   d) $\dfrac{110}{9}$.

31. (PUC-SP) O valor de $\dfrac{4 \cdot (0{,}3)^2}{2 - 1{,}4}$ é:

a) 3.   c) 0,3.
b) 6.   d) 0,6.

32. (PUC-SP) O valor de $\dfrac{\dfrac{1}{2} + 0{,}3}{8}$ é:

a) $\dfrac{1}{5}$.   c) $\dfrac{3}{16}$.

b) $\dfrac{1}{10}$.   d) $\dfrac{13}{16}$.

33. (Cesgranrio-RJ) Considere a expressão

$$0{,}999\ldots + \dfrac{\dfrac{1}{5} + \dfrac{1}{3}}{\dfrac{3}{5} - \dfrac{1}{15}}$$

Efetuando as operações indicadas e simplificando, obtemos:

a) 1.   c) 2.

b) $\dfrac{9}{10}$.   d) $\dfrac{15}{9}$.

PANORAMA

FAÇA AS ATIVIDADES A SEGUIR E REVEJA O QUE VOCÊ APRENDEU.

NO CADERNO

34. Quando os números

| 0,1 | $-\dfrac{3}{4}$ | 0,6 | $-2,5$ | $\dfrac{2}{5}$ |

são arranjados do menor para o maior, o número do meio é:
a) 0,1.
c) 0,6.
b) $\dfrac{2}{5}$.
d) $-\dfrac{3}{4}$.

35. (UFPR) Assinale a alternativa que **não** é equivalente à "metade de 0,5".
a) 0,25
c) $0,5 \cdot 0,5$
b) $\dfrac{1}{2} \cdot 0,5$
d) $\dfrac{1}{2} : \dfrac{1}{2}$

36. (UMC-SP) O número 0,2121... é equivalente a:
a) $\dfrac{7}{33}$.
c) $\dfrac{21}{100}$.
b) $\dfrac{7}{99}$.
d) $\dfrac{21}{999}$.

37. (Cesgranrio-RJ) Observe os seguintes números:

| 2 | 2,3 | 0,003434... | $\dfrac{2}{5}$ | 0 |

Quais deles representam números racionais?
a) O quarto, apenas.
b) O segundo e o quarto, apenas.
c) O segundo, o terceiro e o quarto, apenas.
d) Todos.

38. A expressão $\dfrac{0,060606...}{0,121212...}$ é igual a:
a) 2.
b) $\dfrac{1}{2}$.
c) $\dfrac{2}{3}$.
d) $\dfrac{11}{2}$.

39. (UFRN) O valor de $\dfrac{2}{0,666...}$ é:
a) 3
c) 3,333...
b) 0,333...
d) 1,333...

40. (Cesgranrio-RJ) O valor de
$0,333... + \dfrac{7}{2} - \left(\dfrac{2}{3} + 2\right)$ é:
a) $\dfrac{1}{2}$.
b) $\dfrac{1}{3}$.
c) $\dfrac{7}{6}$.
d) $\dfrac{3}{2}$.

41. Qual destas frações gera uma dízima periódica?
a) $\dfrac{63}{125}$
b) $\dfrac{7}{18}$
c) $\dfrac{141}{10}$
d) $\dfrac{45}{4}$

42. Se um discurso que dura $1\dfrac{1}{4}$ hora começou às 9h50min, deve terminar às:

Wasteresley Lima

a) 11h05min.
c) 10h05min.
b) 11h15min.
d) 10h15min.

43. (OJM-SP) Quantas vezes $\dfrac{1}{4}$ de hora cabe em $2\dfrac{1}{2}$ horas?
a) 8
b) 10
c) 12
d) 20

44. Uma receita de bolo de maracujá leva $\dfrac{1}{4}$ de litro de leite e $\dfrac{1}{2}$ litro de suco. Juntando os dois ingredientes, podemos dizer que a medida dessa mistura poderá também ser representada em litros por:
a) $\dfrac{1}{6}$.
b) 1,6.
c) 2,6.
d) 0,75.

45. (UEG-GO) A composição de cada comprimido de vitaminas inclui 3,2 mg de vitamina D, 1,25 mg de vitamina B e 1,8 mg de vitamina C. Com uma dose de 4 desses comprimidos por dia, para tomar 100 mg de vitaminas, uma pessoa precisará de:
a) 3 dias.
b) 4 dias.
c) 5 dias.
d) 6 dias.

CAPÍTULO 4
Propriedades das potências

Revendo a potenciação

Potência de expoente natural

Em uma escola há 6 salas, cada sala tem 6 estantes, cada estante tem 6 prateleiras, cada prateleira tem 6 livros. Quantos são os livros?

Esse problema pode ser resolvido assim:

$$6 \cdot 6 \cdot 6 \cdot 6 = 1296$$

São, portanto, 1296 livros.

Essa multiplicação de fatores iguais também pode ser escrita na forma de **potência**. Observe:

$$6^4 = 6 \cdot 6 \cdot 6 \cdot 6 = 1296$$

Na potência 6^4 → 4 é o expoente (número de vezes que a base se repete);
→ 6 é a base (fator que se repete).

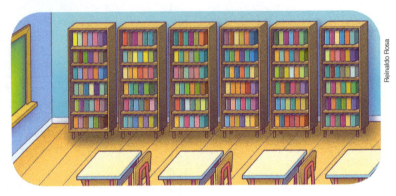

Se a representa um número real diferente de zero, e n representa um número inteiro maior que 1, então:
$$a^n = \underbrace{a \cdot a \cdot a \cdot a \cdot \ldots \cdot a}_{n \text{ vezes}}$$

Exemplos:

A. $5^4 = 5 \cdot 5 \cdot 5 \cdot 5 = 625$

B. $(-9)^2 = (-9) \cdot (-9) = 81$

C. $\left(-\dfrac{1}{7}\right)^2 = \left(-\dfrac{1}{7}\right) \cdot \left(-\dfrac{1}{7}\right) = \dfrac{1}{49}$

D. $(3,1)^2 = 3,1 \cdot 3,1 = 9,61$

E. $(-2)^3 = (-2) \cdot (-2) \cdot (-2) = -8$

F. $\left(-\dfrac{5}{3}\right)^3 = \left(-\dfrac{5}{3}\right) \cdot \left(-\dfrac{5}{3}\right) \cdot \left(-\dfrac{5}{3}\right) = -\dfrac{125}{27}$

Lembre-se de que:
- se o expoente é um número par, o número representado pela potência é positivo;
- se o expoente é ímpar e a base é um número negativo, o número representado pela potência é negativo.

EXERCÍCIOS DE FIXAÇÃO

1. Em uma praça há 3 árvores, cada árvore tem 3 galhos, cada galho tem 3 ninhos, cada ninho tem 3 ovos. Quantos são os ovos no total?

2. Calcule estas potências.
   a) 3^2
   b) 6^3
   c) 2^5
   d) 3^4
   e) 0^9
   f) 2^6
   g) 10^4
   h) 50^2
   i) 11^3
   j) 20^3
   k) 101^2
   l) 400^2

3. Calcule 10^6. Quantos zeros tem o resultado?

4. Coloque estes cartões em ordem crescente:

A	B	C	D	E
27	2·7	7^2	72	2^7

5. A figura representa dois quadrados. Escreva o que significa cada uma das expressões.

   9 cm

   5 cm

   a) 9^2
   b) 5^2
   c) $9^2 + 5^2$

6. Calcule as potências a seguir.
   a) $(-1)^4$
   b) $(-1)^7$
   c) $(-10)^2$
   d) $(-10)^5$
   e) $(-0{,}1)^2$
   f) $(+0{,}5)^3$
   g) $(-0{,}6)^3$
   h) $(-0{,}1)^5$

7. Calcule observando os exemplos:

   • $-3^2 = -(3 \cdot 3) = -9$
   • $(-3)^2 = (-3) \cdot (-3) = 9$
   Perceba a importância dos parênteses!

   a) -7^2
   b) $(-7)^2$
   c) -2^4
   d) $(-2)^4$
   e) -5^3
   f) $(-5)^3$
   g) -3^4
   h) $(-3)^4$

8. Calcule estas potências.
   a) $\left(\dfrac{3}{5}\right)^2$
   b) $\left(-\dfrac{4}{7}\right)^2$
   c) $\left(-\dfrac{1}{5}\right)^3$
   d) $\left(-\dfrac{1}{2}\right)^4$
   e) $\left(+\dfrac{1}{3}\right)^5$
   f) $\left(-\dfrac{3}{10}\right)^2$
   g) $\left(-\dfrac{9}{8}\right)^2$
   h) $\left(-\dfrac{1}{2}\right)^6$

9. Seguindo o mesmo padrão de construção do prédio abaixo, foi construído outro com 6 blocos, também numerados de cima para baixo, conforme a figura. Nesse novo prédio, qual é o número de janelas do 6º bloco (o mais próximo do chão)?

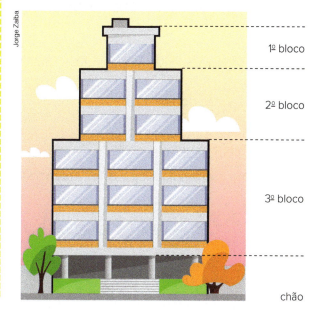

Extensão do conceito de potência

Considere a seguinte sequência de potências de base 5:

A. $5^4 = 625$ ÷ 5
B. $5^3 = 125$ ÷ 5
C. $5^2 = 25$ ÷ 5
D. $5^1 = 5$ ÷ 5
E. $5^0 = 1$ ÷ 5
F. $5^{-1} = \dfrac{1}{5}$ ÷ 5
G. $5^{-2} = \dfrac{1}{25}$ ÷ 5
H. $5^{-3} = \dfrac{1}{125}$ ÷ 5
I. $5^{-4} = \dfrac{1}{625}$

Esses resultados sugerem que:
- toda potência de **expoente 1** é igual à base;

$$a^1 = a$$

- toda potência de **expoente zero** é igual a 1;

$$a^0 = 1$$

- toda potência de **expoente negativo** é igual ao inverso da potência de expoente positivo.

$$a^{-n} = \dfrac{1}{a^n}, \text{ sendo } a \neq 0$$

> O expoente zero só se define para bases não nulas. 0^0 não tem sentido na Matemática

EXERCÍCIOS DE FIXAÇÃO

10. Dê o valor de:
  a) 150^1;
  b) $\left(-\dfrac{9}{5}\right)^1$;
  c) 200^0;
  d) $\left(-\dfrac{6}{7}\right)^0$.

11. Ligue os números equivalentes.

| 1000 | 100 | 10 | 1 | 0,1 | 0,01 | 0,001 |

| 10^1 | 10^2 | 10^{-2} | 10^3 | 10^{-3} | 10^0 | 10^{-1} |

12. Calcule estas potências.
  a) 4^{-3}
  b) 1^{-30}
  c) 6^{-2}
  d) 10^{-4}

13. Observe o exemplo e calcule as potências.

$$(-5)^{-2} = \dfrac{1}{(-5)^2} = \dfrac{1}{25}$$

  a) $(-7)^{-2}$
  b) $(-3)^{-4}$
  c) $(-5)^{-3}$
  d) $(-2)^{-5}$

14. Observe o exemplo e calcule as potências.

$$\left(\dfrac{4}{5}\right)^{-2} = \dfrac{1}{\left(\dfrac{4}{5}\right)^2} = \dfrac{1}{\dfrac{16}{25}} = 1 : \dfrac{16}{25} = \dfrac{25}{16}$$

Modo prático: $\left(\dfrac{4}{5}\right)^{-2} = \left(\dfrac{5}{4}\right)^2 = \dfrac{25}{16}$ (trocar o sinal do expoente / inverter a fração)

  a) $\left(\dfrac{8}{9}\right)^{-2}$
  b) $\left(\dfrac{2}{3}\right)^{-3}$
  c) $\left(-\dfrac{2}{5}\right)^{-3}$

15. O valor de $\dfrac{2^{-1} + 2^{-2}}{2^{-3}}$ é:
  a) 3.
  b) 4.
  c) 6.
  d) $\dfrac{3}{32}$.

16. (FGV-SP) A expressão $\left(\dfrac{1}{2}\right)^{-3} + \left(\dfrac{1}{2}\right)^{-5}$ é igual a:
  a) 40.
  b) $\dfrac{1}{40}$.
  c) −40.
  d) $\left(\dfrac{1}{2}\right)^{-8}$.

Propriedades das potências

Multiplicação

O que representa a expressão $7^3 \cdot 7^2$?

$$7^3 \cdot 7^2 = (7 \cdot 7 \cdot 7) \cdot (7 \cdot 7) =$$
$$= 7 \cdot 7 \cdot 7 \cdot 7 \cdot 7 =$$
$$= 7^5$$

Assim: $7^3 \cdot 7^2 = 7^{3+2} = 7^5$.

> Para multiplicar potências de mesma base, conservamos a base e somamos os expoentes.

Divisão

O que representa a expressão $2^5 : 2^3$?

$$2^5 : 2^3 = \frac{2 \cdot 2 \cdot 2 \cdot 2 \cdot 2}{2 \cdot 2 \cdot 2} = 2^2$$

Assim: $2^5 : 2^3 = 2^{5-3} = 2^2$.

> Para dividir potências de mesma base, conservamos a base e subtraímos os expoentes.

Potência de potência

O que representa a expressão $(5^2)^3$?

$$(5^2)^3 = 5^2 \cdot 5^2 \cdot 5^2 =$$
$$= 5 \cdot 5 \cdot 5 \cdot 5 \cdot 5 \cdot 5 =$$
$$= 5^6$$

Assim: $(5^2)^3 = 5^{2 \cdot 3} = 5^6$.

> Para elevar uma potência a outra potência, multiplicamos os expoentes.

Potência de um produto

Qual é o significado da expressão $(2 \cdot 5)^3$?

$$(2 \cdot 5)^3 = (2 \cdot 5) \cdot (2 \cdot 5) \cdot (2 \cdot 5) =$$
$$= 2 \cdot 5 \cdot 2 \cdot 5 \cdot 2 \cdot 5 =$$
$$= 2 \cdot 2 \cdot 2 \cdot 5 \cdot 5 \cdot 5 =$$
$$= 2^3 \cdot 5^3$$

Assim: $(2 \cdot 5)^3 = 2^3 \cdot 5^3$.

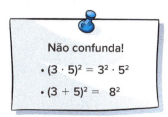

Não confunda!
- $(3 \cdot 5)^2 = 3^2 \cdot 5^2$
- $(3 + 5)^2 = 8^2$

> Para elevar um produto a um expoente, elevamos cada fator que o compõe a esse expoente.

Propriedades das potências no conjunto dos números racionais $\mathbb{Q}$

As propriedades que vimos não valem somente para bases naturais e expoentes naturais.

Elas valem também para bases e expoentes racionais. Aplicando as propriedades das potências podemos economizar cálculos.

Vamos ver exemplos:

A. Qual é o resultado de $(-2)^2 \cdot (-2)^{-5}$?

$$(-2)^2 \cdot (-2)^{-5} = (-2)^{2+(-5)} = (-2)^{-3} = \left(-\frac{1}{2}\right)^3 = -\frac{1}{8}$$

Conservamos a base e somamos os expoentes.

Lembramos que, se o expoente é negativo, devemos inverter a base.

Por fim, como a base é negativa e o expoente é ímpar, o resultado é negativo.

B. Vamos calcular $\left(\frac{3}{10}\right)^7 : \left(\frac{3}{10}\right)^4 = \left(\frac{3}{10}\right)^{7-4}$

$$\left(\frac{3}{10}\right)^7 : \left(\frac{3}{10}\right)^4 = \left(\frac{3}{10}\right)^{7-4} = \left(\frac{3}{10}\right)^3 = \frac{27}{1000}$$

Conservamos a base e subtraímos os expoentes.

C. Quanto dá $[(0,4)^{-1}]^{-2}$?

$$[(0,4)^{-1}]^{-2} = 0,4^{(-1) \cdot (-2)} = 0,4^2 = 0,16$$

Conservamos a base e multiplicamos os expoentes.

D. Vamos simplificar a expressão $\dfrac{\left(\frac{2}{5}\right)^{-3} \cdot \left(\frac{2}{5}\right)^7}{\left(\frac{2}{5}\right)^5}$

e calcular seu valor.

$$\frac{\left(\frac{2}{5}\right)^{-3} \cdot \left(\frac{2}{5}\right)^7}{\left(\frac{2}{5}\right)^5} = \frac{\left(\frac{2}{5}\right)^4}{\left(\frac{2}{5}\right)^5} =$$

$$= \left(\frac{2}{5}\right)^{-1} = \frac{5}{2}$$

APLICANDO AS PROPRIEDADES, CHEGAMOS AO RESULTADO SEM PRECISAR FAZER OPERAÇÕES TRABALHOSAS!

EXERCÍCIOS
DE FIXAÇÃO

17. Escreva em uma única potência:

a) $5^7 \cdot 5^2$

b) $2^9 \cdot 2$

c) $2^4 \cdot 2^{-3}$

d) $6^{-2} \cdot 6^6$

e) $5^3 \cdot 5^{-1} \cdot 5^4$

f) $7^x \cdot 7^{x+2}$

18. Escreva em uma única potência:

a) $7^{10} : 7^8$

b) $3^2 : 3^{-5}$

c) $11^{-5} : 11^3$

d) $3 : 3^{-4}$

e) $10^{2x} : 10^{-3x}$

f) $13^x : 13^{x+2}$

19. Responda:

a) Quanto é o dobro de 2^7?

b) Quanto é o quádruplo de 2^{10}?

c) Qual é a metade de 2^{15}?

d) Qual é a quarta parte de 2^{10}?

20. Responda:

a) Qual é o valor de $3^{500} : 3^{498}$?

b) Qual é o valor de $(-10)^{20} : (-10)^{16}$?

21. Aplique as propriedades convenientes nas operações a seguir.

a) $(3^2)^4$

b) $(10^5)^3$

c) $(7^3)^x$

d) $(5^2)^{-1}$

e) $(7^{-3})^{-2}$

f) $(5 \cdot 6)^2$

22. Aplique as propriedades convenientes nas operações a seguir.

a) $(2 \cdot 3 \cdot 4)^2$

b) $(5 \cdot 2^3)^{-2}$

23. Indique as expressões abaixo que têm o mesmo valor.

A. $5 \cdot 5 \cdot 5 \cdot 5 \cdot 5$

B. $(5^2)^4$

C. $(5^2)^2$

D. $5^4 \cdot 5^2$

E. 25^4

F. $5 \cdot 5 \cdot 5 \cdot 5$

G. $(5^3)^2$

H. $5^4 \cdot 5$

24. Responda escrevendo na forma de potência:

a) Quanto é o quadrado de 7^5?

b) Quanto é o cubo de 7^5?

25. O triplo de 3^6 vale:

a) 3^7.

b) 3^{18}.

c) 9^6.

d) 9^{18}.

26. A quinta parte de 5^{55} é:

a) 1.

b) 5^{11}.

c) 5^{50}.

d) 5^{54}.

27. Um número é expresso por $(5^3 \cdot 5^2)^2 : 5^4$. Outra forma de expressar esse número é:

a) 5^6.

b) 5^8.

c) 5.

d) 5^{14}.

28. (PUC-SP) O valor da expressão $\dfrac{10^{-3} \cdot 10^5}{10 \cdot 10^4}$ é:

a) 10.

b) 10^3.

c) 10^{-2}.

d) 10^{-3}.

29. Calcule o valor destas expressões:

a) $[(-4)^3]^5 : (-4)^{12}$

b) $\left(\dfrac{10}{3}\right)^2 : \left(\dfrac{10}{3}\right)^4 \cdot \dfrac{3}{10}$

c) $\dfrac{0,01^{-4} \cdot 0,01}{0,01^{-3}}$

30. Se $b = a^5$, então $b^3 \cdot a$ é igual a:

a) a^8.

b) a^9.

c) a^{15}.

d) a^{16}.

Notação científica

Para representar números muito grandes ou muito pequenos, é cômodo usar potências de 10. Veja:

Os elementos da imagem não estão em proporção.

A distância entre a Terra e o Sol é de 149 600 000 km. Observe que podemos escrever esse número de muitas formas utilizando as potências de 10.

149 600 000 = 1 496 · 100 000 = 1 496 · 10^5
= 149,6 · 1 000 000 = 149,6 · 10^6
= 14,96 · 10 000 000 = 14,96 · 10^7
= 1,496 · 100 000 000 = 1,496 · 10^8

número compreendido entre 1 e 10 ← → *potência de 10*

Essa última forma abreviada de escrever o número chama-se **notação científica**.

Para escrever números como esse, os cientistas combinaram o seguinte:

> Um número está expresso em **notação científica** se estiver escrito como o produto de dois números reais, sendo um deles entre 1 e 10, incluindo o 1, e o outro uma potência de base 10.

Veja como se escrevem outros números em notação científica:

A. 500 = 5 · 100 = 5 · 10^2
   2 casas

B. 52,83 = 5,283 · 10
   1 casa

C. 0,0079 = 7,9 · 0,001 = 7,9 · 10^{-3}
   3 casas $\frac{1}{1000}$

D. 0,00000026 = 2,6 · 0,0000001 = 2,6 · 10^{-7}
   7 casas $\frac{1}{10 000 000}$

VOCÊ PERCEBE O PORQUÊ DESSE NOME?

Compare o expoente com o deslocamento da vírgula.

Observe:

número entre 1 e 10 → ▢ · $10^{▢}$ ← *expoente inteiro positivo ou negativo*

30

EXERCÍCIOS
DE FIXAÇÃO

31. Escreva cada um dos números a seguir como potências de 10.
- a) 100
- b) dez mil
- c) 100 000 000
- d) 0,1
- e) 0,001
- f) 0,000001

32. Escreva estes números sem usar potências.
- a) 10^3
- b) 10^5
- c) 10^9
- d) 10^{-1}
- e) 10^{-3}
- f) 10^{-8}

33. Quantos milímetros há em 1 metro?
- a) 10^2
- b) 10^3
- c) 10^4
- d) 10^6

34. Escreva estes números utilizando notação científica.
- a) 8 000
- b) 54 000 000
- c) 75
- d) 42,9
- e) 0,063
- f) 0,00856
- g) 0,1294
- h) 0,00007

35. Escreva, na forma científica, cada um dos números que aparecem nas frases abaixo.

↑ Estádio do Maracanã, Rio de Janeiro (RJ).

- a) O estádio do Maracanã já acomodou um público de 210 000 pessoas.
- b) O Rio Nilo é o mais comprido do mundo, com 6 695 000 metros.
- c) Em média, uma célula do corpo humano tem massa de 0,000000008 grama.

36. 3 000 · 80 000 em notação científica é:
- a) 24 · 10^6
- b) 2,4 · 10^9
- c) 2,4 · 10^7
- d) 2,4 · 10^8

37. O número 0,00000584 é escrito na forma 5,84 · 10^n. O valor de n é:
- a) 6.
- b) 8.
- c) −6.
- d) −8.

38. (Unifor-CE) Cada mililitro de sangue humano contém, em média, 5 · 10^6 glóbulos vermelhos. Um ser humano adulto tem, em média, 5,5 litros de sangue. De acordo com esses dados, o número médio de glóbulos vermelhos de um adulto é:
- a) 2,75 · 10^7.
- b) 27,5 · 10^7.
- c) 27,5 · 10^8.
- d) 2,75 · 10^{10}.

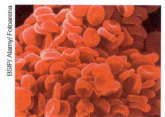

← Hemácias (ou glóbulos vermelhos) do sangue humano.

39. (Etam-RJ) "A Baía de Guanabara recebe 17 metros cúbicos de esgoto por segundo, o equivalente a um Maracanã cheio de dejetos a cada dia." (*O Globo*, 21/10/2001.) O volume de esgotos lançados por mês na Baía de Guanabara, em metros cúbicos, é então, aproximadamente, de:
- a) 2,6 · 10^4.
- b) 2,6 · 10^9.
- c) 4,4 · 10^7.
- d) 4,4 · 10^{10}.

↑ Vista da Baía de Guanabara, Rio de Janeiro (RJ).

EXERCÍCIOS

COMPLEMENTARES

40. Para resolver uma expressão numérica, a potenciação tem prioridade sobre a multiplicação e a divisão. Utilizando essa informação, calcule:

a) $10^2 \cdot (-2)^3$

b) $5 \cdot (-2)^3 \cdot 3^2$

c) $(-8)^2 - 2 - (-1)$

d) $-4 \cdot (-3)^2 + 5 \cdot (-8) - 7$

e) $10 \cdot (-6)^2 - 5 \cdot (-3) - 25$

f) $(+1)^5 - (-1)^5 + (-2)^2 - (-2)^2$

41. Calcule:

a) $(3 - 4,5)^2$

b) $\dfrac{-5^2}{(-3)^2 - 2^3}$

c) $(9 - 9,5)^2$

d) $\dfrac{-(-1)^3 \cdot (-2)}{-1(-2)^2}$

42. Associe cada letra a um número romano, de acordo com o resultado da potenciação.

A. 10^6

B. 10^2

C. 10

D. 10^3

E. 10^9

I. uma dezena

II. um milhar

III. um milhão

IV. um bilhão

V. uma centena

43. (PUC-SP) O valor de $\dfrac{4 \cdot (0,3)^2}{2 - 1,4}$ é:

a) 3. b) 6. c) 0,3. d) 0,6.

44. O resultado de $\left(2\dfrac{1}{4} + \dfrac{1}{2}\right)^2$ é:

a) $\dfrac{3}{4}$.

b) $\dfrac{22}{8}$.

c) $\dfrac{11}{4}$.

d) $\dfrac{121}{16}$.

45. Calcule aplicando as propriedades das potências:

a) $[2^9 : (2^4 \cdot 2)] : 2^5$

b) $(5 - 5,5)^2 \cdot (-0,5)^2 : 0,5$

c) $6^{-4} \cdot 2^4 \cdot 3^4$

d) $\dfrac{\left(\dfrac{5}{6}\right)^2 \cdot \left(\dfrac{5}{6}\right)^{-5}}{\left(\dfrac{5}{6}\right)^{-2}}$

46. Registre em notação científica.

a) 0,035 g

b) 3 000 m

c) 0,29 kg

d) 2 100 000 L

47. Um laboratório produziu 8500 frascos de certo remédio, cada um contendo 120 mL do produto. Escreva em litros e em notação científica a quantidade de remédio produzida.

EXERCÍCIOS SELECIONADOS

48. Observe os cartões abaixo:

A. 222

B. 2 + 2 + 2

C. 2 · 2 · 2

D. 2^{22}

E. 22^2

Qual deles registra o maior valor?

49. Quanto é:

a) $8 \cdot 10^3$?

b) $3 \cdot 10^2 \cdot 10^4$?

50. Calcule:

$8 \cdot \left(-\dfrac{1}{2}\right)^3 + 9 \cdot \left(-\dfrac{1}{3}\right)^2$.

51. Quanto é:

a) o dobro de 2^5?

b) o quádruplo de 2^5?

c) o quadrado de 2^5?

d) o cubo de 2^5?

52. Qual destes números é maior?

100^8 1000^6 $10\,000^4$

53. (OBM) O valor de $4^4 \cdot 9^4 \cdot 4^9 \cdot 9^9$ é igual a:

a) 13^{13}.

b) 13^{36}.

c) 36^{13}.

d) 36^{36}.

54. (Enem) A Agência Espacial Norte-Americana (Nasa) informou que o asteroide YU 55 cruzou o espaço entre a Terra e a Lua no mês de novembro de 2011. A ilustração ao lado sugere que o asteroide percorreu sua trajetória no mesmo plano que contém a órbita descrita pela Lua em torno da Terra. Na figura, está indicada a proximidade do asteroide em relação à Terra, ou seja, a menor distância que ele passou da superfície terrestre.

Com base nessas informações, a menor distância que o asteroide YU 55 passou da superfície da Terra é igual a:

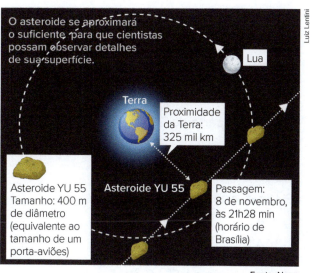

Fonte: Nasa. Disponível em: <http://noticias.terra.com.br>. Adaptado.

a) $3,25 \cdot 10^2$ km.
b) $3,25 \cdot 10^3$ km.
c) $3,25 \cdot 10^4$ km.
d) $3,25 \cdot 10^5$ km.
e) $3,25 \cdot 10^6$ km.

PANORAMA

FAÇA AS ATIVIDADES A SEGUIR E REVEJA O QUE VOCÊ APRENDEU.

55. Se $E = \dfrac{10^{-4} \cdot (10^2)^5}{(10^2)^2}$ então $0{,}1 \cdot E$ é igual a:

a) 10^2 c) 10^0
b) 10 d) 10^{-1}

56. O número 0,00001 escrito na forma de potência de base dez é:

a) 10^4
b) 10^{-4}
c) 10^5
d) 10^{-5}

57. Calculando $-(-1)^{201} - (-1)^{200} - 0^4$, obtemos:

a) 0.   c) -1.
b) 2.   d) -5.

58. Calculando $(-6)^2 : 3^2 : (-2)$, obtemos:

a) 1.   c) -1.
b) 2.   d) -2.

59. O resultado de $(-7+2)^2$ é:

a) 25.   c) -25.
b) 81.   d) -81.

60. $3^3 \cdot 3^{-4}$ é igual a:

a) 9^{-1}.   c) 3^{-12}.
b) $\dfrac{1}{3}$.   d) $-\dfrac{1}{3}$.

61. $(-7)^2 \cdot 7^3$ é igual a:

a) 7^5.   c) $(-7)^5$.
b) 7^6.   d) $(-7)^6$.

62. A quinta parte de 5^{555} é:

a) 1.   c) 1^{111}.
b) 5^{111}.   d) 5^{554}.

63. Um quarto de 4^{100} é:

a) 4^{25}.   c) 1^{25}.
b) 4^{50}.   d) 4^{99}.

64. O resultado de $5^6 \cdot 5^{-2} : 5^{-4}$ é igual a:

a) 0.   c) 5^{-3}.
b) 1.   d) 5^{-8}.

65. O resultado de
$$9^5 + 9^5 + 9^5 + 9^5 + 9^5 + 9^5 + 9^5 + 9^5 + 9^5$$
é:

a) 9^6.   c) 9^{50}.
b) 9^{45}.   d) $9{,}50$.

66. (UFS-SE) Simplificando a expressão $[2^9 : (2^2 \cdot 2)^3]^3$, obtém-se:

a) 1.   c) 2^{-5}.
b) 2^{36}.   d) 2^{-30}.

67. (Cesgranrio-RJ) Identifique cada afirmação abaixo como verdadeira (V) ou falsa (F).

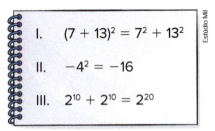

I. $(7+13)^2 = 7^2 + 13^2$

II. $-4^2 = -16$

III. $2^{10} + 2^{10} = 2^{20}$

A sequência correta é:

a) F − F − V.
b) F − V − F.
c) V − F − F.
d) V − V − V.

68. A fração $\dfrac{2^{30}}{8}$ é igual a:

a) 2^{26}.   c) 4^9.
b) 2^{27}.   d) 8^9.

69. O resultado de $\left(\dfrac{3}{4}\right)^0 : \dfrac{3^0}{4}$ é igual a:

a) 0.
b) $\dfrac{3}{4}$.
c) 4.
d) $\dfrac{1}{4}$.

70. Qual opção a seguir corresponde ao número 0,064?

a) $\left(\dfrac{1}{8}\right)^2$ c) $\left(\dfrac{8}{10}\right)^3$
b) $\left(\dfrac{1}{80}\right)^2$ d) $\left(\dfrac{2}{5}\right)^3$

71. O valor da expressão $\dfrac{1234^3}{2468^3}$ é:

a) 8
b) $\dfrac{1}{8}$
c) 4
d) $\dfrac{1}{4}$

72. O resultado de $\dfrac{(-0{,}6)^7}{\left(-\dfrac{3}{5}\right)^4}$, é:

a) 0,36
b) 0,216
c) −0,36
d) −0,216

73. (Olimpíadas de Matemática de São José dos Campos-SP) Tiburcina comprou várias galinhas campeãs em pôr ovos. Ao testar a eficiência das galinhas, ela observou que de minuto em minuto o número de ovos na cesta duplicava. Exatamente às 12 horas a cesta estava cheia. A que horas a cesta estava pela metade?

a) 6 horas
b) 11 horas e 29 minutos
c) 11 horas e 30 minutos
d) 11 horas e 59 minutos

74. (Mack-SP) A expressão $\left(\dfrac{1}{2}+\dfrac{1}{3}\right)^{-1}+\dfrac{2}{3}$ é igual a:

a) $\dfrac{1}{4}$
b) $\dfrac{28}{15}$
c) $\dfrac{13}{15}$
d) $-\dfrac{12}{5}$

75. Estima-se que a população mundial deva atingir 11 bilhões de pessoas até o final do século XXI, ou seja:

a) $11 \cdot 10^6$ habitantes
b) $1{,}1 \cdot 10^6$ habitantes
c) $11 \cdot 10^9$ habitantes
d) $1{,}1 \cdot 10^{10}$ habitantes

76. Um satélite artificial que é lançado com velocidade de 11 000 km/h, em 1,5 hora percorrerá:

a) $1{,}65 \cdot 10^3$ km
b) $2{,}2 \cdot 10^4$ km
c) $1{,}65 \cdot 10^4$ km
d) $2{,}2 \cdot 10^3$ km

77. Dadas as medidas de comprimento $x = 4{,}8 \cdot 10^3$ m e $y = 6{,}7 \cdot 10^3$ m, temos que $x + y$, na notação científica, é igual a:

a) $11{,}5 \cdot 10^3$ m
b) $1{,}15 \cdot 10^7$ m
c) $11{,}5 \cdot 10^6$ m
d) $1{,}15 \cdot 10^4$ m

78. Em cada comprimido de certo analgésico e anti-inflamatório são utilizados 0,2 g da substância ibuprofeno. Na produção de 4 milhões deste comprimido são utilizados:

a) $8 \cdot 10^5$ kg de ibuprofeno.
b) $8 \cdot 10^3$ kg de ibuprofeno.
c) $8 \cdot 10^2$ kg de ibuprofeno.
d) $8 \cdot 10^6$ kg de ibuprofeno.

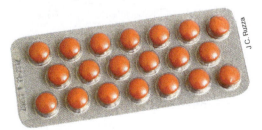

79. Efetuando $\dfrac{5{,}4 \cdot 10^2 \cdot 3{,}5 \cdot 10^3}{3 \cdot 10^5}$ obtemos:

a) 6,3
b) $6{,}3 \cdot 10$
c) $6{,}3 \cdot 10^{-1}$
d) $6{,}3 \cdot 10^{-2}$

CAPÍTULO 5
Radiciação no conjunto ℕ e no conjunto ℤ

Raízes exatas em ℕ

Qual número elevado ao quadrado é igual a 9?

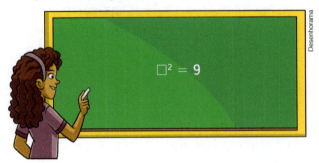

Sendo $3^2 = 9$, podemos escrever que $\sqrt[2]{9} = 3$.

Essa operação se chama **radiciação**, que é a operação inversa da potenciação.

Exemplos:

Potenciação		Radiciação
A. $5^2 = 25$	→	$\sqrt[2]{25} = 5$
B. $2^3 = 8$	→	$\sqrt[3]{8} = 2$
C. $3^4 = 81$	→	$\sqrt[4]{81} = 3$
D. $2^5 = 32$	→	$\sqrt[5]{32} = 2$

Os termos de uma radiciação são:

$$\sqrt[\text{índice}]{\text{radicando}} = \text{raiz}$$

índice → $\sqrt[2]{25} = 5$ ← raiz
↑
radicando

Exemplos:

Veja como devemos ler:

A. $\sqrt[2]{25}$ → raiz quadrada de 25

B. $\sqrt[3]{8}$ → raiz cúbica de 8

C. $\sqrt[4]{81}$ → raiz quarta de 81

D. $\sqrt[5]{32}$ → raiz quinta de 32

Não é necessário escrever o índice 2 no radical para a raiz quadrada: $\sqrt[2]{25}$ escreve-se $\sqrt{25}$.

EXERCÍCIOS
DE FIXAÇÃO

1. Na igualdade $\sqrt[5]{32} = 2$, pergunta-se:
   a) Qual é a raiz?
   b) Qual é o índice?
   c) Qual é o radicando?
   d) Qual é a operação indicada?

2. Na operação $\sqrt{64} = 8$, pergunta-se:
   a) Que nome se dá ao número 8?
   b) Que nome se dá ao número 64?

3. Descubra o número natural que:
   a) elevado ao quadrado dá 25;
   b) elevado ao quadrado dá 49;
   c) elevado ao cubo dá 8;
   d) elevado ao quadrado dá 100.

4. Determine a raiz quadrada e justifique conforme o exemplo:

   $$\sqrt{49} = 7, \text{ porque } 7^2 = 49$$

   a) $\sqrt{9}$ d) $\sqrt{25}$ g) $\sqrt{1}$
   b) $\sqrt{4}$ e) $\sqrt{64}$ h) $\sqrt{0}$
   c) $\sqrt{36}$ f) $\sqrt{16}$ i) $\sqrt{81}$

5. Complete:
   a) $\sqrt{49} = \square$, porque $\square \cdot \square = 49$
   b) $\sqrt[3]{64} = \square$, porque $\square \cdot \square \cdot \square = 64$

6. Complete:
   a) $\sqrt[4]{81} = \square$, porque
      $\square \cdot \square \cdot \square \cdot \square = 81$
   b) $\sqrt[5]{32} = \square$, porque
      $\square \cdot \square \cdot \square \cdot \square \cdot \square = 32$

7. Determine:
   a) $\sqrt{100}$ c) $\sqrt{121}$ e) $\sqrt[3]{27}$
   b) $\sqrt{400}$ d) $\sqrt[3]{8}$ f) $\sqrt[4]{16}$

8. Calcule:
   a) $\sqrt{49} - \sqrt{4}$
   b) $20 - \sqrt{16}$
   c) $\sqrt{81} - \sqrt{1}$
   d) $5 \cdot \sqrt{36}$
   e) $\sqrt{0} + \sqrt{121}$
   f) $30 : \sqrt{100}$
   g) $\sqrt{4} \cdot \sqrt{9} + \sqrt{81}$
   h) $\sqrt{36} - \sqrt{25} + 7^0$
   i) $2^2 + \sqrt{81} : 9$
   j) $3 \cdot \sqrt{25} - 5 \cdot \sqrt{9}$
   k) $2^3 + \sqrt{100} : 5 - 3^2$
   l) $2 \cdot (\sqrt{1} \cdot 5 - \sqrt{16})$

   O cálculo da potência e da raiz quadrada deve ser feito antes de qualquer outro.

AQUI TEM MAIS

Um número natural é quadrado perfeito quando é o produto de dois fatores iguais.

1
1 × 1

4
2 × 2

9
3 × 3

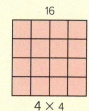
16
4 × 4

25
5 × 5

Os números 1, 4, 9, 16, 25, ... são **quadrados perfeitos**. São assim denominados os números naturais que admitem raiz quadrada exata.

Raízes exatas em ℤ

Quais números que, elevados ao quadrado, resultam em 49?

Temos que $7^2 = 49$ e $(-7)^2 = 49$.

Não podemos ter dois resultados diferentes para uma mesma operação. Por isso, foi estabelecido que:

$$\sqrt{49} = 7 \text{ e } -\sqrt{49} = -7$$

Do mesmo modo:

- $2^4 = 16$ e $(-2)^4 = 16$
- $\sqrt[4]{16} = 2$ e $-\sqrt[4]{16} = -2$.

E qual seria o resultado de $\sqrt{-9}$?

$3^2 = 9$ e $(-3)^2 = 9$ → Não há número que, elevado ao quadrado, resulte em um número negativo.

E de $\sqrt[4]{-16}$?

$4^2 = 16$ e $(-4)^2 = 16$ → Qualquer número negativo elevado a expoente par tem resultado positivo.

Não existem raízes de índice par de números negativos.

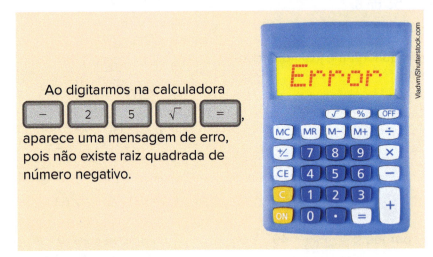

Ao digitarmos na calculadora [−] [2] [5] [√] [=], aparece uma mensagem de erro, pois não existe raiz quadrada de número negativo.

Entretanto, raízes de índice ímpar de números negativos têm resultado. Veja exemplos:

A. $\sqrt[3]{-8} = -2$, pois $(-2)^3 = -8$

B. $\sqrt[5]{-32} = -2$, pois $(-2)^5 = -32$

C. $\sqrt[3]{-1000} = -10$, pois $(-10)^3 = -1000$

➕ AQUI TEM MAIS

A radiciação é operação inversa da potenciação. Observe que, se fizermos:

- $\sqrt{4^2}$, obtemos $\sqrt{16} = 4$;
- $\sqrt{7^2}$, obtemos $\sqrt{49} = 7$;
- $\sqrt[3]{2^3}$, obtemos $\sqrt[3]{8} = 2$.

Se a é um número positivo e n é um número natural diferente de zero, temos que $\sqrt[n]{a^n} = a$.

EXERCÍCIOS
DE FIXAÇÃO

9. Por que a raiz quadrada de 400 é 20?

10. Qual das operações abaixo não tem resultado em $\mathbb{Z}$?

a) $\sqrt[3]{-8}$
b) $\sqrt{49}$
c) $\sqrt[4]{-16}$
d) $\sqrt[5]{-100\,000}$

11. Qual é o valor de:

a) $\sqrt{4}$?
b) $\sqrt{1}$?
c) $\sqrt{0}$?
d) $\sqrt[3]{27}$?
e) $\sqrt[3]{64}$?
f) $\sqrt{81}$?
g) $-\sqrt[5]{-32}$?
h) $-\sqrt{64}$?
i) $-\sqrt{81}$?

12. Calcule a diferença entre a raiz quadrada de 81 e a raiz quadrada de 25.

13. Qual é o valor de:

a) $\sqrt{121}$?
b) $\sqrt{144}$?
c) $-\sqrt{121}$?
d) $-\sqrt{144}$?
e) $-\sqrt{400}$?
f) $\sqrt{900}$?

14. Existe algum número inteiro que representa $\sqrt{-25}$? Por quê?

15. Calcule, caso exista em $\mathbb{Z}$:

a) $\sqrt{25}$
b) $\sqrt{-25}$
c) $-\sqrt{25}$
d) $\sqrt{36}$
e) $\sqrt{-36}$
f) $-\sqrt{36}$
g) $\sqrt{100}$
h) $-\sqrt{100}$
i) $\sqrt{-100}$

16. Calcule:

a) $\sqrt{0} + \sqrt{1}$
b) $\sqrt{49} - \sqrt{64}$
c) $15 - \sqrt{100}$
d) $-1 + \sqrt[3]{8} + \sqrt[5]{1}$
e) $-\sqrt{25} + \sqrt{4} + \sqrt{1}$
f) $\sqrt{400} - \sqrt{900} + \sqrt[3]{1000}$

17. Qual é o valor da expressão $\sqrt{4} + \sqrt{400} + \sqrt{40\,000}$?

18. Rodrigo pensou em um número e determinou sua raiz quadrada. O resultado foi 9. Em que número Rodrigo pensou?

19. Considere os seguintes números:

| 15 | 16 | 17 | 18 |

Um deles representa o valor de $\sqrt{256}$. Que número é esse?

20. Dona Terezinha tem 169 azulejos. Eles têm formato quadrado e são todos do mesmo tamanho. Usando todos esses azulejos, ela pretende revestir uma parede quadrada de sua cozinha. Quantos azulejos serão colocados em cada lado da parede?

Expressões numéricas

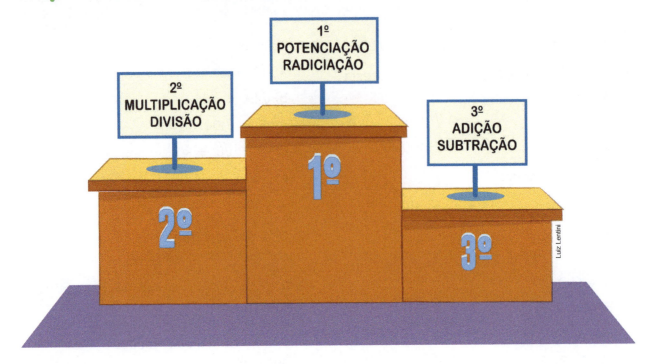

As expressões devem ser resolvidas obedecendo à seguinte ordem de operações:

1º potenciação e radiciação;
2º multiplicação e divisão;
3º adição e subtração.

Nessas expressões são efetuadas as operações que estão:

1º entre parênteses ( );
2º entre colchetes [ ];
3º entre chaves { }.

Exemplos:

A. $(-7)^2 - 9 - (-1) + 4^2 =$
$= 49 - 9 + 1 + 16 =$
$= 40 + 1 + 16 =$
$= 57$

B. $10 + (-4) \cdot (+3) - 15 =$
$= 10 + (-12) - 15 =$
$= 10 - 12 - 15 =$
$= 10 - 27 =$
$= -17$

C. $(\sqrt{81} + 1^5)^3 : \sqrt{25} - \sqrt{625} =$
$= (9 + 1)^3 : 5 - 25 =$
$= 1000 : 5 - 25 =$
$= 200 - 25 =$
$= 175$

Resolvemos os parênteses e depois elevamos o resultado ao cubo.

D. $6^2 + \sqrt{9} - [(+20) : (-4) + 1] =$
$= 36 + 3 - [(-5) + 1] =$
$= 36 + 3 - [-5 + 1] =$
$= 36 + 3 + 5 - 1 =$
$= 44 - 1 =$
$= 43$

EXERCÍCIOS
DE FIXAÇÃO

21. O valor numérico de cada expressão corresponde a uma letra. Calcule as expressões a seguir e escreva a letra correspondente a cada resultado.

A	15	E	16	I	0	M	27
B	−60	F	−30	J	−22	N	−1
C	18	G	100	K	12	O	−14
D	−40	H	48	L	11	P	−4

a) $-\sqrt{100} + \sqrt{400} - 5^2 + 6^0$
b) $2 + \sqrt{36} : \sqrt{4} + \sqrt{49}$
c) $-5 - \sqrt{81} - 2^3 + \sqrt{1} - 9$
d) $(\sqrt{25} - \sqrt{36})^7$
e) $40 : (-1)^5 + (-2)^3 - 12$
f) $\sqrt{1} + \sqrt{0} \cdot (-5) + 10$
g) $14 : (2^3 - 1^7) + \sqrt{169}$
h) $8^0 + \sqrt[3]{-1} + (-2)^4$
i) $648 : \sqrt{36} - 2^3$
j) $(30 - 10^2 : 2^2) \cdot (-2)^3$
k) $\sqrt{100} - 5^2 - \sqrt{49}$
l) $(1^9 + \sqrt{121})^2 : \sqrt{9}$
m) $(-2)^3 + 2^3 + 4^3 + (-4)^3$
n) $(-3 + 7)^3 : (+1 - 3)^2$
o) $(-2)^5 : (-2)^3 - \sqrt{64}$
p) $(-150) : \sqrt[3]{-125} - \sqrt{9}$

22. Adriano se enganou quando resolveu a expressão $(4 - 7)^2$. Descubra o erro e resolva corretamente.

$(4 - 7)^2 = 4^2 - 7^2 = 16 - 49 = -33$

23. Qual número elevado ao cubo resulta em −216?
a) 72
b) −72
c) −6
d) 6

24. Leia o que Lara está pensando e indique a resposta correta.

SOMEI O CUBO DE (−5) COM O QUADRADO DE (−5). OBTIVE:

a) 1 − 150
b) −100
c) 150
d) 100

25. Que número devemos somar a:
a) $\sqrt{144}$ para obter 20?
b) $\sqrt[3]{-64}$ para obter zero?
c) $(-2)^7$ para obter −130?
d) $\sqrt{900}$ para obter $\sqrt{400}$?

26. Observe os números nos cartões e responda qual deles apresenta:

$(-3)^3$ $(-3)^0$ $\sqrt{9}$ $\sqrt[3]{-27}$

a) o maior número.
b) o menor número.

27. Efetue quando for possível:
a) $\sqrt{100}$
b) $\sqrt{-100}$
c) $\sqrt[3]{-1000}$
d) $\sqrt[3]{1000}$

28. Se $E = (\sqrt{81} - \sqrt{100})^9 : \sqrt[5]{-1}$, então $2E$ é igual a:
a) −1
b) 2
c) 9
d) −9

EXERCÍCIOS
COMPLEMENTARES

29. Calcule o valor destas expressões.
  a) $15 - (-3) + 4^2$
  b) $(+5)^3 - 1 + (-3)^2$
  c) $(-9)^2 - 2 - (-3)$
  d) $(-2)^3 - 4 - (-1)^5$
  e) $(-2)^4 + (+5) \cdot (-2)$
  f) $8 + (-4) \cdot (+5) - 10$
  g) $(-3)^2 + (-2) \cdot (-5) - 20$
  h) $(-1)^{20} - (-2)^3 - (-5)$

30. Considere a expressão $2 + 3^2 \cdot 4 - 1$.
  a) Mostre que ela representa o número 37.
  b) Colocando parênteses, é possível alterar essa expressão de modo que ela represente o número 29?

31. Qual destas expressões numéricas tem valor igual a -36?
  a) $(-3)^2 \cdot (+4)$
  b) $(-16) + (-4) \cdot (-5)$
  c) $+13 - (-11) + 12$
  d) $(-3) \cdot (+8) + (-12)$

32. Calcule o valor de A em cada caso a seguir.
  a) $\sqrt{A} = 0$
  b) $\sqrt{A} = 12$
  c) $\sqrt{A} = 17$
  d) $\sqrt{A} = 25$

33. Qual é o valor de:
  a) $\sqrt{36}$?
  b) $\sqrt[3]{125}$?
  c) $-\sqrt{900}$?
  d) $-\sqrt{36}$?
  e) $-\sqrt{225}$?
  f) $-\sqrt[3]{1000}$?

34. Calcule, caso exista em $\mathbb{Z}$:
  a) $\sqrt{4}$
  b) $-\sqrt{4}$
  c) $\sqrt{-4}$
  d) $\sqrt[4]{16}$
  e) $\sqrt{49}$
  f) $-\sqrt{49}$
  g) $\sqrt[4]{-16}$
  h) $\sqrt{-49}$
  i) $-\sqrt[4]{16}$

35. Calcule:
  a) $\sqrt{9} + \sqrt{16}$
  b) $\sqrt{9 + 16}$
  c) $\sqrt{64} + \sqrt{36}$
  d) $\sqrt{64 + 36}$
  e) $1 - \sqrt{1}$
  f) $-7 + \sqrt{25}$
  g) $-3 - \sqrt{9}$
  h) $(-5)^2 - \sqrt{16}$
  i) $(-3)^3 + \sqrt{49}$
  j) $-\sqrt{1} - (-\sqrt{100})$
  k) $-(-\sqrt{81}) - \sqrt{81}$
  l) $3 - \sqrt{25} + 2^3$

36. Calcule:
  a) $\sqrt{4^2 + 3^2}$
  b) $\sqrt{10^2 - 8^2}$
  c) $3 \cdot \sqrt{16} - 9 + 8^0$
  d) $2 \cdot \sqrt{25} + 3 \cdot \sqrt{0}$

37. Calcule o valor de cada expressão a seguir.
  a) $\sqrt{1 + x}$ para $x = 35$
  b) $\sqrt{2x - 1}$ para $x = 25$
  c) $\sqrt{1 + 8x^2}$ para $x = -1$
  d) $x + \sqrt{x^2 + 15}$ para $x = -1$

38. Calcule o valor de cada expressão abaixo.
  a) $\sqrt{64} - 4 \cdot (-5) - (-3)^2 + (-3)$
  b) $\sqrt{36} + (-1)^5 - 2 \cdot [-1 + (-3)^2]$
  c) $\sqrt{100} + (-2)^4 + (-3)^2 \cdot (-7)$
  d) $[10 + 5 - (-6)] : [8 - (-2) - \sqrt{49}]$
  e) $\{[(-3)^3 \cdot (+2)^2 + (-3)] + 100\} : \sqrt{121}$
  f) $\{-3 - [(-5)^2 - (-2^3 + 30)]\} - \sqrt{36}$

42

PANORAMA

FAÇA AS ATIVIDADES A SEGUIR E REVEJA O QUE VOCÊ APRENDEU.

39. O número 18 é raiz quadrada de:
a) 36.
b) 324.
c) 648.
d) 360.

40. Se $\sqrt{A} = 30$, então o valor de A é:
a) 60.
b) 90.
c) 600.
d) 900.

41. Destas afirmações:
I. $\sqrt{81} = \sqrt{9}$
II. $\sqrt{16} = 8$
III. $\sqrt{125} = 15$

Quantas são verdadeiras?
a) 0
b) 1
c) 2
d) 3

42. Se $2 + \sqrt{A} = 5$, então A é igual a:
a) 3.
b) −3.
c) 9.
d) 23.

43. O valor da expressão $\sqrt{5^2 - 4^2}$ é:
a) 1.
b) 2.
c) 3.
d) 7.

44. O valor da expressão $-\sqrt{1} - \sqrt{81} - \sqrt{100}$ é:
a) 0.
b) 1.
c) −60.
d) −20.

45. Se $a > 0$ e $\sqrt[4]{a} = 5$, então a é igual a:
a) 20.
b) 25.
c) 125.
d) 625.

46. Se $A = \sqrt{100}$ e $B = \sqrt{1} - \sqrt{9} + \sqrt{4}$, então $A \cdot B$ vale:
a) 0.
b) 10.
c) 50.
d) −50.

47. O valor da expressão $(\sqrt[3]{125} - \sqrt{4})^2$ é:
a) 3.
b) 6.
c) 9.
d) 441.

48. (FSA-SP) O valor de $10^0 - 5^2 + (-5)^2 + 2^3$ é:
a) 9.
b) 7.
c) 16.
d) 59.

49. O valor de
$-3 + \sqrt{16} - 8 - \sqrt{100} + 4 + \sqrt{81}$ é:
a) 4.
b) 30.
c) −4.
d) −30.

50. (Saeb-MEC) O resultado de
$-1 - (-5) \cdot (-3) + (-4) \cdot 3 : (-4)$ é:
a) 0.
b) −2.
c) −13.
d) 30.

51. O valor da expressão
$(\sqrt[3]{-27} + \sqrt[5]{32})^7 + \sqrt{121}$ é:
a) 10.
b) 11.
c) 12.
d) 18.

52. O valor da expressão
$-6 \cdot [(-5)^2 : (-2 - 3) \cdot (-1)^5 : (-5)]$ é:
a) 1.
b) 6.
c) −1.
d) −6.

53. (Unip-SP) O valor da expressão
$(-1 - 2) \cdot [-7 \cdot (2 - 5) - 3 \cdot (4 - 2) - 1]$ é:
a) −34.
b) −36.
c) −40.
d) −42.

54. (Unip-SP) O valor da expressão numérica
$-4^2 + (3 - 5) \cdot (-2)^3 + 3^2 - (-2)^4$ é:
a) 7.
b) 8.
c) −7.
d) 15.

55. (PUC-DF) O valor da expressão:
$2 \cdot \sqrt{x \cdot y} - \sqrt{x^2 - 21 \cdot y}$, para $x = 12$ e $y = 3$, é igual a:
a) 0.
b) 3.
c) 9.
d) −3.

CAPÍTULO 6
Radiciação em ℚ

Raízes exatas em ℚ

Como $\left(\dfrac{5}{7}\right)^2 = \dfrac{5}{7} \cdot \dfrac{5}{7} = \dfrac{25}{49}$, temos que $\sqrt{\dfrac{25}{49}} = \dfrac{5}{7}$.

Como $0,6^2 = 0,6 \cdot 0,6 = 0,36$, então $\sqrt{0,36} = 0,6$.

Os conceitos que vimos para a radiciação em ℕ e em ℤ continuam valendo em ℚ. Veja mais exemplos:

A. $\sqrt{\dfrac{9}{25}} = \dfrac{3}{5}$ e $-\sqrt{\dfrac{9}{25}} = -\dfrac{3}{5}$

B. $\sqrt{0,04} = \sqrt{\dfrac{4}{100}} = \dfrac{2}{10} = 0,2$

C. $\sqrt[3]{0,125} = \sqrt[3]{\dfrac{125}{1000}} = \dfrac{5}{10} = 0,5$

D. $\sqrt[3]{-\dfrac{8}{27}} = -\dfrac{2}{3}$

E. $\sqrt{-\dfrac{4}{9}}$ não existe em ℚ

Cálculo de raízes aproximadas

E se quisermos calcular, por exemplo, $\sqrt{106}$?

O número 106 não tem raiz quadrada exata, pois:

$10^2 = 100$ (é menor que 106) e $11^2 = 121$ (é maior que 106).

Assim, $\sqrt{106}$ é um número entre 10 e 11.

O número 106 não é um quadrado perfeito.

Nesses casos, podemos encontrar uma aproximação para $\sqrt{106}$.

Se for possível usar uma calculadora, digitamos   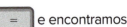 e encontramos

10.2956301.

Usando arredondamento para uma casa decimal: $\sqrt{106} \cong 10,3$.

Também podemos encontrar uma aproximação sem usar a calculadora.

- Experimentamos $10,2^2 \rightarrow 10,2^2 = 104,04$ (é pouco).
- Experimentamos $10,3^2 \rightarrow 10,3^2 = 106,09$ (passou pouco de 106).

Concluímos que $\sqrt{106}$ está entre 10,2 e 10,3, mais perto de 10,3.

$\sqrt{106} \cong 10,3$

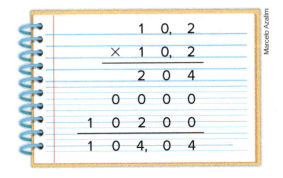

EXERCÍCIOS DE FIXAÇÃO

1. Calcule:

a) $\sqrt{\dfrac{49}{36}}$

b) $\sqrt{\dfrac{81}{100}}$

c) $\sqrt{0,25}$

d) $\sqrt{0,64}$

e) $-\sqrt{\dfrac{121}{144}}$

f) $\sqrt[3]{-\dfrac{27}{64}}$

g) $\sqrt[3]{0,001}$

h) $\sqrt{1,21}$

i) $-\sqrt{\dfrac{16}{225}}$

j) $\sqrt{0,09}$

2. Usando calculadora, determine a raiz aproximada com uma casa decimal:

a) $\sqrt{52}$ b) $\sqrt{390}$ c) $\sqrt{604}$

3. Sem utilizar calculadora, determine a raiz aproximada com uma casa decimal:

a) $\sqrt{29}$ b) $\sqrt{85}$

4. Entre quais números inteiros se localiza na reta numérica:

a) $\sqrt{60}$?

b) $\sqrt{18}$?

c) $-\sqrt{98}$?

d) $\sqrt[3]{12}$?

5. Escreva na ordem crescente: $\sqrt{35}$; $\sqrt{37,5}$; $\sqrt[3]{35}$; $\sqrt{375}$.

Expressões numéricas em ℚ

Vamos resolver duas expressões numéricas que envolvem as operações em ℚ.

A. $\left(\dfrac{2}{3} + \dfrac{5}{9}\right) : \sqrt{\dfrac{121}{9}} + \left(-\dfrac{2}{3}\right)^2 =$

$= \left(\dfrac{6}{9} + \dfrac{5}{9}\right) : \dfrac{11}{3} + \dfrac{4}{9} =$

$= \dfrac{11}{9} \cdot \dfrac{3}{11} + \dfrac{4}{9} =$

$= \dfrac{1}{3} + \dfrac{4}{9} =$

$= \dfrac{7}{9}$

B. $\dfrac{\sqrt{0,25} + 4,8 : 3,2}{1,4^2 + (-0,2)^2} =$

$= \dfrac{0,5 + 1,5}{1,96 + 0,04} =$

$= \dfrac{2}{2} =$

$= 1$

ATENÇÃO, POIS $(-0,2) \cdot (-0,2) = 0,04$.

AQUI TEM MAIS

1. $\sqrt{\dfrac{1}{9}} = \dfrac{1}{3}$, porque $\left(\dfrac{1}{3}\right)^2 = \dfrac{1}{9}$

   Geometricamente, temos:

2. $\sqrt{0,49} = 0,7$, porque $(0,7)^2 = 0,49$

   Geometricamente, temos:

   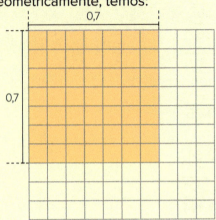

EXERCÍCIOS DE FIXAÇÃO

NO CADERNO

6. Resolva estas expressões.

a) $\left(1 - \dfrac{2}{5} + \dfrac{3}{10}\right) \cdot \sqrt{\dfrac{25}{9}}$

b) $\dfrac{3}{4} + \dfrac{1}{4} \cdot \dfrac{8}{3} \cdot \dfrac{9}{2} - \sqrt{\dfrac{49}{16}}$

c) $\dfrac{\left(\dfrac{6}{5} - \dfrac{9}{10}\right)^2 : 3 + \left(\dfrac{1}{10}\right)^2}{1^9 - \dfrac{3}{5}}$

d) $\dfrac{\sqrt[3]{\dfrac{1}{8}} + 5^0}{\sqrt[3]{\dfrac{1}{64}} + \sqrt{\dfrac{9}{16}}}$

e) $\left(2 - 1,8 \cdot 0,5 - \sqrt{0,01}\right) \cdot \sqrt{0,81}$

f) $\dfrac{(52 - 6,5 : 0,13)^3 - 0,8}{(-0,3)^2}$

g) $\dfrac{6,07 - 5,35 : 5}{1 - 1,6 \cdot \sqrt{0,25}}$

h) $\dfrac{9,18 : 9 - (0,4)^2}{0,2^2}$

7. Observe abaixo como Rafael fez para determinar $\sqrt{32,49}$ sem usar calculadora.

> COMO $5^2 = 25$ E $6^2 = 36$, SEI QUE $\sqrt{32,49}$ É UM NÚMERO ENTRE 5 E 6, MAIS PERTO DE 6. COMO O ÚLTIMO ALGARISMO É 9, SÓ PODE SER 5,3 OU 5,7. EXPERIMENTO 5,7.
>
> ```
>      5, 7
>   ×  5, 7
>   ───────
>      3 9 9
>    2 8 5
>   ───────
>    3 2, 4 9
> ```
> $\sqrt{32,49} = 5,7$

Estúdio Ornitorrinco

Utilize essas ideias para determinar:

a) $\sqrt{14,44}$ b) $\sqrt{37,21}$ c) $\sqrt{56,25}$

46

! CURIOSO É...

Mostraremos a seguir o processo descrito por Heron de Alexandria (século I d.C.) para calcular a raiz quadrada aproximada de 720. Veja que interessante!

Ele tomou o primeiro número quadrado maior do que 720, que é 729.

$$\sqrt{729} = 27$$

Dividiu 720 por 27, o que resulta $26\frac{2}{3}$, e juntou esse valor ao próprio 27.

$$27 + 26\frac{2}{3} = 53\frac{2}{3}$$

720	27
180	26
18	

Observe que:
$$\frac{18}{27} = \frac{2}{3}$$

Então, ele dividiu $53\frac{2}{3}$ por 2 e considerou esse resultado como a aproximação da raiz quadrada de 720.

$$\sqrt{720} = 26\frac{1}{2}\frac{1}{3}$$

$53 : 2 = 26\frac{1}{2}$ e $\frac{2}{3} : 2 = \frac{1}{3}$

De fato, $26\frac{1}{2}\frac{1}{3}$ multiplicado por ele mesmo resulta em $720\frac{1}{36}$, de modo que a diferença entre os quadrados é $\frac{1}{36}$.

Heron de Alexandria prossegue em seu relato mostrando como obter aproximações ainda melhores para $\sqrt{720}$.

Fonte de pesquisa: Jean-Luc Chabert et al. *Historie d'algorithmes*. Paris: Ed. Belin, 1994.

Não se sabe ao certo sequer se Heron nasceu realmente em Alexandria, no Egito. Sua data de nascimento e de morte também não são exatas. No entanto, esse grande matemático e cientista teve importância enorme na história da humanidade. Além de contribuições para a Geometria, em especial no cálculo do volume de sólidos como cones, pirâmides e prismas, Heron foi um grande inventor. Uma de suas invenções, a eolípila, foi uma precursora da máquina a vapor.

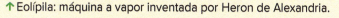

↑ Eolípila: máquina a vapor inventada por Heron de Alexandria.

EXERCÍCIOS COMPLEMENTARES

8. Calcule:

a) $\sqrt{\dfrac{1}{64}}$ c) $-\sqrt{\dfrac{1}{64}}$ e) $\sqrt{\dfrac{100}{81}}$

b) $\sqrt{\dfrac{36}{25}}$ d) $-\sqrt{\dfrac{36}{25}}$ f) $\sqrt{\dfrac{121}{169}}$

9. Calcule:

a) $\sqrt{\dfrac{3}{4} + \dfrac{6}{4}}$

b) $\sqrt{\dfrac{16}{36}} - \sqrt{\dfrac{1}{4}}$

c) $-\sqrt{\dfrac{4}{9}} + \sqrt{\dfrac{25}{36}}$

d) $\sqrt{0} + \sqrt{1} - \sqrt{\dfrac{4}{9}}$

10. Observe a figura e responda às questões.

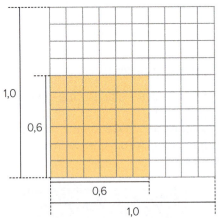

a) Qual é a área do quadrado colorido?

b) Qual é a raiz quadrada de 0,36?

11. Calcule:

a) $\sqrt{0,09}$ c) $\sqrt{0,64}$

b) $\sqrt{\dfrac{12}{3}}$ d) $\sqrt{\dfrac{1}{10\,000}}$

12. Determine sem usar a calculadora:

a) $\sqrt{57,76}$ b) $\sqrt{82,81}$

13. Calcule:

a) $\sqrt{0,0001}$ b) $\sqrt{0,0049}$

14. Qual é maior: $\sqrt{50}$ ou 7,1?

15. Quando multiplicamos $\sqrt{0,25}$ por $\dfrac{8}{13}$, obtemos:

a) $\dfrac{2}{13}$.   b) $\dfrac{4}{13}$.   c) $\dfrac{1}{13}$.   d) $\dfrac{10}{13}$.

16. Calcule:

a) $\sqrt{2\dfrac{1}{4}}$ c) $-\sqrt{1\dfrac{24}{25}}$

b) $\sqrt{1\dfrac{7}{9}}$ d) $\sqrt{1 - \dfrac{5}{9}}$

17. Calcule:

a) $-\sqrt{\dfrac{1}{36}} - \sqrt{\dfrac{16}{9}}$

b) $2\sqrt{25} - \sqrt{\dfrac{9}{4}}$

c) $\sqrt{9} \cdot \sqrt{\dfrac{1}{9}} + 5 \cdot \sqrt{\dfrac{1}{25}}$

18. (NCE-RJ) Um instrutor de matemática escreve no quadro negro os seguintes números:

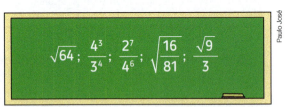

Em seguida, ele pergunta quantos desses números são menores que 1. A resposta correta é:

a) 1.   b) 2.   c) 3.   d) 4.

19. (Vunesp) Um professor colocou as notas das provas de 3 alunos A, B e C da seguinte forma:

$A = \dfrac{-4^2 + 4}{-2}$

$B = \dfrac{(-2)^2 + (-3) \cdot (-2)}{2}$

$C = \dfrac{-3 - 6 \cdot \sqrt{4}}{-2}$

A ordem crescente dessas notas é:

a) B, A, C.   c) B, C, A.

b) C, B, A.   d) C, A, B.

PANORAMA

FAÇA AS ATIVIDADES A SEGUIR E REVEJA O QUE VOCÊ APRENDEU.

20. O resultado de $\sqrt{\dfrac{400}{25}}$ é:

a) 4. b) 8. c) 16. d) $\dfrac{4}{5}$.

21. Qual das seguintes igualdades é verdadeira?

a) $\sqrt{0,9} = 0,3$

b) $(-0,7)^2 = -0,49$

c) $\sqrt{36} + \sqrt{0,36} = 6,06$

d) $2^0 + 2^{-1} + 2^{-2} = \dfrac{7}{4}$

22. Qual dos seguintes números é o maior?

a) 10^2 c) $\sqrt{100}$

b) $\dfrac{10^3}{3}$ d) $\dfrac{1}{0,001}$

23. O resultado de $\dfrac{2}{\sqrt{81}} - \dfrac{\sqrt{16}}{3}$ é:

a) $\dfrac{10}{9}$. c) $-\dfrac{10}{9}$.

b) $\dfrac{14}{9}$. d) $-\dfrac{14}{9}$.

24. Entre quais dois números naturais consecutivos está $\sqrt{163,84}$?

a) 4 e 5
b) 8 e 9
c) 11 e 12
d) 12 e 13

25. Quais das igualdades a seguir são verdadeiras?

I. $\sqrt{0,01} = 0,1$

II. $\sqrt{0,4} = 0,2$

III. $\sqrt{0,5} : 0,1 = 0,5$

a) Somente I.
b) Somente II.
c) Somente III.
d) As duas últimas.

26. A raiz quadrada da diferença entre o quadrado de 3 e o cubo de 2 é:

a) 1. b) 0. c) 2. d) 4.

27. O valor da expressão $\sqrt{\dfrac{36}{25}} : \left(-\dfrac{1}{2}\right)^2$ é:

a) $\dfrac{24}{5}$. c) $-\dfrac{3}{10}$.

b) $\dfrac{4}{5}$. d) $-\dfrac{24}{5}$.

28. O valor da expressão $2^{-1} + \sqrt{\dfrac{9}{16}}$ é:

a) $\dfrac{1}{4}$. b) $\dfrac{5}{4}$. c) $-\dfrac{5}{4}$. d) $-\dfrac{1}{4}$.

29. O valor da expressão $\sqrt{\dfrac{3}{7} \cdot \left(\dfrac{1}{3} + \dfrac{1}{4}\right)}$ é:

a) $\dfrac{1}{2}$. b) $\dfrac{1}{8}$. c) $\dfrac{1}{4}$. d) $\dfrac{10}{19}$.

30. O valor da expressão $2 + \sqrt{1\dfrac{9}{16}}$ é:

a) $\dfrac{7}{4}$. b) $\dfrac{13}{4}$. c) $\dfrac{13}{2}$. d) $\dfrac{13}{8}$.

31. Se $\sqrt{\dfrac{x}{81}} = \dfrac{35}{63}$, então x é igual a:

a) 5.
b) 9.
c) 25.
d) 50.

32. (PUC-SP) O valor da expressão

$\left[\dfrac{(-10) + 5 - (-4)}{\sqrt{9} + (-2)}\right]^3$ é:

a) -1.
b) -2.
c) 1.
d) 2.

49

CAPÍTULO 7
Expressões algébricas e sequências

Expressões algébricas

Uma pessoa ganha R$ 120,00 por dia de trabalho.

Para calcular quanto essa pessoa ganhará após alguns dias de trabalho, podemos escrever a **expressão algébrica**:

$$120 \cdot x$$

A letra x representa a quantidade de dias trabalhados. Assim:

- se $x = 5$, então $120 \cdot 5 = 600$ ⟶ R$ 600,00;

- se $x = 8$, então $120 \cdot 8 = 960$ ⟶ R$ 960,00;

- se $x = 20$, então $120 \cdot 20 = 2400$ ⟶ R$ 2.400,00.

Observe que a letra x foi sendo substituída por **vários** números, ou seja, foi **variando**; por isso, dizemos que x é a **variável**. Então, a expressão $120 \cdot x$ é uma **expressão** com **variável**.

Podemos ter expressões algébricas com mais de uma variável.

Exemplos:

A. $3x + y$ ⟶ expressão com duas variáveis: x e y

B. $7a^2 + b - 4c$ ⟶ expressão com três variáveis: a, b e c

C. $t + x - 5y - z$ ⟶ expressão com quatro variáveis: t, x, y e z

Quando a representação algébrica contém variável ou variáveis no denominador, é chamada **expressão algébrica fracionária**, tal como:

$$\frac{5x}{y} \qquad \frac{1}{x} \qquad \frac{2x + 7}{x - 1} \qquad \frac{6}{x^2 + a}$$

EXERCÍCIOS
DE FIXAÇÃO

1. Quantas patas tem:
   a) 1 leão?
   b) 2 leões?
   c) 5 leões?
   d) n leões?

2. Seja n um número natural.
   a) Qual é o dobro desse número?
   b) Qual é o sucessor desse número?
   c) Qual é o antecessor desse número?
   d) Qual é a metade desse número?
   e) Qual é o quíntuplo desse número?
   f) Qual é o quadrado desse número?

3. Observe esta fotografia.

   Para estender uma camiseta são necessários dois prendedores, para duas camisetas são necessários três prendedores e assim por diante. Complete a tabela abaixo.

Número de camisetas	Número de prendedores
1	2
2	3
5	
10	
n	
20	
	50

4. Atualmente, Tiago tem x anos. Explique o que significam as seguintes expressões:
   a) $2x$;
   b) $x - 3$;
   c) $x + 5$;
   d) $2(x + 5)$.

5. Dona Angélica foi comprar bombons para dar a seus 7 sobrinhos. Ela comprou 14 bombons, e pagou R$ 35,00 por eles.
   a) Quanto custou cada bombom?
   b) Quanto custam 4 bombons?
   c) Quanto custam x bombons?

6. Observe o trapézio e considere $x = 10$ cm e $y = 28$ cm.

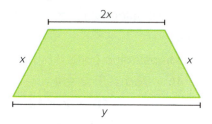

   a) Escreva uma expressão que possibilite determinar o perímetro da figura.
   b) Utilize essa expressão para calcular o perímetro.

7. Com base nos dados a seguir, complete o quadro.
   - Tainá recebe mesada de x reais.
   - Mara recebe o dobro do que recebe Tainá menos R$ 10,00.

	Mesada
Tainá	x
Mara	
Eliana	

   - Eliana recebe R$ 40,00 reais a mais do que Mara.

8. (Encceja-MEC) Um medicamento é comercializado em frascos de 100 mL. A dosagem prescrita pelo médico é de 5 mL, duas vezes ao dia. A expressão algébrica que representa a quantidade de medicamento que restou no frasco após x dias de uso é:
   a) $100 + 5x$.
   b) $100 - 5x$.
   c) $100 + 10x$.
   d) $100 - 10x$.

Valor numérico de uma expressão algébrica

Para obtermos o valor numérico de uma expressão algébrica, devemos proceder do seguinte modo:

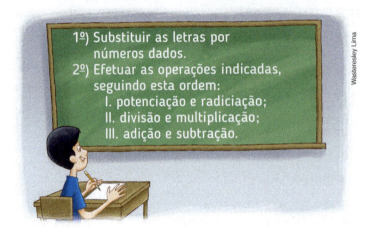

1º) Substituir as letras por números dados.
2º) Efetuar as operações indicadas, seguindo esta ordem:
 I. potenciação e radiciação;
 II. divisão e multiplicação;
 III. adição e subtração.

Exemplos:

A. Calcule o valor numérico de $5a + 4b - 7ab$ para $a = 2$ e $b = 3$.

Solução:

Vamos substituir a por 2 e b por 3.

$5a + 4b - 7ab = 5 \cdot 2 + 4 \cdot 3 - 7 \cdot 2 \cdot 3 =$
$\qquad\qquad\qquad = 10 + 12 - 42 =$
$\qquad\qquad\qquad = 22 - 42 =$
$\qquad\qquad\qquad = -20$

Resposta: O valor numérico é -20.

> Nas expressões algébricas não é usual escrever o sinal de multiplicação entre um número e uma letra ou entre duas letras. Observe:
> • $5 \cdot a$ escreve-se $5a$;
> • $a \cdot b$ escreve-se ab.

B. Calcule o valor numérico de $5x^2 - x + 1$ para $x = -3$.

Solução:

$5x^2 - x + 1 = 5 \cdot (-3)^2 - (-3) + 1 =$
$\qquad\qquad = 5 \cdot 9 + 3 + 1 =$
$\qquad\qquad = 45 + 3 + 1 =$
$\qquad\qquad = 49$

Resposta: O valor numérico é 49.

> Convém utilizarmos parênteses quando substituímos letras por números negativos.

C. Calcule o valor numérico de $\dfrac{a^2 + 3}{1 + m}$ para $a = \dfrac{1}{2}$ e $m = -\dfrac{1}{3}$.

Solução:

$\dfrac{a^2 + 3}{1 + m} = \dfrac{\left(\dfrac{1}{2}\right)^2 + 3}{1 + \left(-\dfrac{1}{3}\right)} = \dfrac{\dfrac{1}{4} + 3}{1 - \dfrac{1}{3}} = \dfrac{\dfrac{1}{4} + \dfrac{12}{4}}{\dfrac{3}{3} - \dfrac{1}{3}} =$

$= \dfrac{\dfrac{13}{4}}{\dfrac{2}{3}} = \dfrac{13}{4} \cdot \dfrac{3}{2} = \dfrac{39}{8}$

Resposta: O valor numérico é $\dfrac{39}{8}$.

> Convém utilizarmos parênteses quando substituímos letras por frações.

EXERCÍCIOS
DE FIXAÇÃO

9. Complete o quadro.

x	$2x$	$5x$	$7x$	$2x + 5x$
2				
1,3				
0,1				

10. Calcule o valor numérico da expressão $x^2 - 5x + 1$ para os seguintes valores:

a) $x = 0$;

b) $x = 2$;

c) $x = -3$;

d) $x = \dfrac{1}{2}$.

11. Calcule o valor numérico destas expressões.

a) $x - y$ para $x = -3$ e $y = -7$

b) $m - 3n$ para $m = 10$ e $n = -6$

c) $5xy - x$ para $x = 2$ e $y = -1$

d) $-ab - 2a$ para $a = -5$ e $b = 3$

12. (OM-SP) Quanto vale $a - b$, se $a = \dfrac{2}{3}$ e $b = -\dfrac{3}{5}$?

13. (Saresp) Calculando-se os valores da expressão $n^2 + 3n + 1$ para n valendo 1, 2, 3 etc., obtém-se uma das sequências abaixo. Qual delas?

a) 5, 11, 17, 23, ...

b) 5, 11, 19, 29, ...

c) 5, 7, 9, 11, ...

d) 1, 5, 9, 13, ...

14. Calcule o valor numérico da expressão $\sqrt{b^2 - 4ac}$, nos seguintes casos:

a) $a = 1$, $b = -3$ e $c = 2$;

b) $a = 1$, $b = -5$ e $c = -6$;

c) $a = -4$, $b = 20$ e $c = -25$;

d) $a = -9$, $b = 16$ e $c = 4$.

15. (Cotuca-SP) Determine os valores numéricos das expressões:

a) $2ab - 3ab^2$ para $a = 0,3$ e $b = 0,4$;

b) $xy^2 - x^2y$ para $x = -\dfrac{1}{2}$ e $y = \dfrac{2}{3}$.

16. Se $a = 1$, $b = -3$ e $c = -4$, calcule $\dfrac{-b + \sqrt{b^2 - 4ac}}{2a}$.

17. Calcule o valor numérico de $\dfrac{x^2 - 3y}{y^2 + 5x}$ para $x = -4$ e $y = -2$.

✚ AQUI TEM MAIS

Nem sempre é possível calcular o valor numérico de algumas expressões para determinados valores.

Observe:

Na expressão $\dfrac{5x}{x - 4}$, quando $x = 4$, temos: $\dfrac{5 \cdot 4}{4 - 4} = \dfrac{20}{0}$ ❓

Como o denominador se anula, a expressão não tem valor numérico para $x = 4$.

NÃO EXISTE DIVISÃO
POR ZERO.

Paulo José

Expressões algébricas e sequências

A sequência ilustrada a seguir foi desenhada de acordo com um padrão. Descobrindo o padrão, podemos determinar quantos quadradinhos terá a próxima figura.

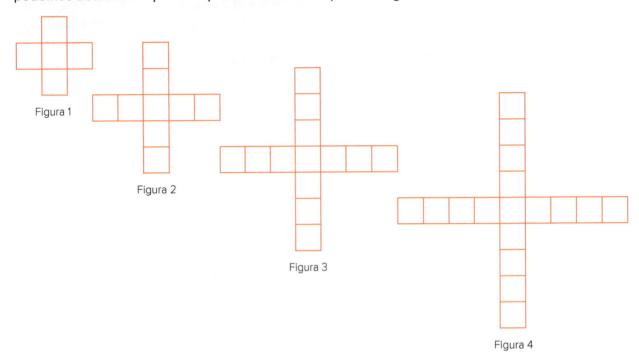

Figura 1
Figura 2
Figura 3
Figura 4

Registrando numa tabela o número da figura e a quantidade de quadradinhos que a formam, fica mais fácil perceber o padrão:

Número da figura	1	2	3	4
Quantidade de quadradinhos	5	9	13	17

Cada termo da sequência é obtido somando 4 ao termo anterior. Isso significa que:

- a figura 5 será formada por 21 quadradinhos;
- a figura 6 será formada por 25 quadradinhos e assim por diante.

Quando recorremos ao termo anterior para determinar o termo seguinte, estamos usando a **forma recursiva** da sequência.

Se quiséssemos determinar a quantidade de quadradinhos da figura 78 (da sequência acima), por exemplo, essa forma não seria prática.

No entanto, há uma relação entre o número da figura e a quantidade de quadradinhos que a formam.

Número da figura	1	2	3	4
Quantidade de quadradinhos	4 · 1 + 1 = 5	4 · 2 + 1 = 9	4 · 3 + 1 = 13	4 · 4 + 1 = 17

A quantidade de quadradinhos da figura que ocupa a posição n na sequência pode ser calculada por meio da expressão algébrica **4n + 1,** substituindo-se n por 1, 2, 3, 4, 5, ...

Observe que n é uma variável. Essa expressão é chamada de termo geral ou expressão geradora da sequência.

EXERCÍCIOS DE FIXAÇÃO

18. Dado o termo geral, escreva os 5 primeiros termos de cada sequência a seguir.

a) $2n + 1$ b) $3n + 1$ c) n^2 d) $n^2 - 1$

19. Observe as figuras abaixo e depois faça o que se pede.

Figura 1

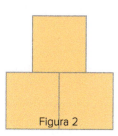
Figura 2

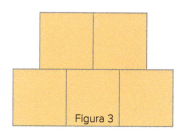
Figura 3

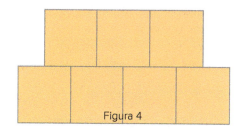
Figura 4

a) Descubra o padrão dessa sequência e determine quantos quadradinhos terá a figura 7.

b) Escreva a expressão geradora (termo geral) dessa sequência usando *n* para representar o número da figura.

20. Complete estas sequências no caderno.

a) -30, -20, -10, ▭, ▭, ▭

b) 1, 8, 27, 64, ▭, ▭

c) 5, 8, 13, 20, 29, ▭, ▭

21. Descubra o termo geral da sequência 4, 6, 8, 10, ...

22. Observe a sequência dos números ímpares: 1, 3, 5, 7, 9, ...

a) Qual é o 7º número ímpar?

b) Qual é o termo geral dessa sequência?

c) Qual é o 45º número ímpar?

23. (Cesgranrio-RJ) Certo dia, ao observar o calendário, João disse: "Neste ano, o domingo de Páscoa será no dia 24 de abril". O dia 12 de abril do mesmo ano cairá em uma:

a) segunda-feira.

b) terça-feira.

c) quarta-feira.

d) quinta-feira.

e) sexta-feira.

EXERCÍCIOS COMPLEMENTARES

24. Existe o valor numérico da expressão $\dfrac{7x}{x-y}$ para $x = 3$ e $y = 3$? Por quê?

25. Uma indústria produz apenas dois tipos de xampu. O primeiro com preço de R$ 15,00 por unidade e o segundo com preço de R$ 23,00 por unidade. Se chamarmos x a quantidade vendida do primeiro tipo e y a quantidade vendida do segundo tipo, qual será a expressão algébrica da venda desses dois artigos? Qual será o valor total se forem vendidas 300 e 400 unidades, respectivamente?

26. Complete este quadro.

x	3	1	-3	$\dfrac{1}{2}$
y	7	-1	-2	$\dfrac{1}{4}$
$x + 3y$				
$2x + y$				
$x^2 - y^2$				
$(x + y)^2$				

27. A fórmula para calcular o número do sapato com base na medida do pé de uma pessoa, é:

$$S = \dfrac{5p + 28}{4}.$$

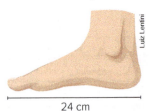
24 cm

Dados:
- S = número do sapato;
- p = medida do pé, em centímetros.

Qual é o número do sapato cujo pé mede 24 cm?

28. Calcule o valor numérico das expressões a seguir.

a) $2a + bc$ para $a = 2$, $b = -3$ e $c = -4$

b) $-xy + 2x$ para $x = -3$ e $y = 4$

c) $3x^2y + 2z^2$ para $x = -2$, $y = 3$ e $z = -2$

d) $a^2 - (b^2 - c^2)$ para $a = 4$, $b = 6$ e $c = -3$

29. (Fumarc-MG) Observe a tabela:

0,2 de	25	x
	60	12
	120	y
	180	36
	400	z

Considerando os valores de x, y e z da tabela, qual é o resultado da expressão $x - y + 3z$?

30. No Brasil, para medir a temperatura, utilizam-se termômetros graduados em graus Celsius (°C); mas, na Inglaterra, por exemplo, utiliza-se a graduação em graus Fahrenheit (°F). A fórmula que relaciona os graus Celsius e os graus Fahrenheit é a apresentada na lousa abaixo.

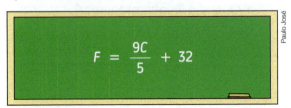

$$F = \dfrac{9C}{5} + 32$$

Por meio dessa fórmula, calcule, em graus Fahrenheit, a temperatura que corresponde a 0 °C e a 40 °C, preenchendo corretamente os retângulos da figura.

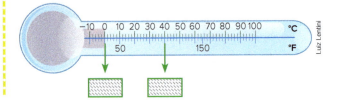

PANORAMA

FAÇA AS ATIVIDADES A SEGUIR E REVEJA O QUE VOCÊ APRENDEU.

31. (Saeb-MEC) Paulo é dono de uma fábrica de móveis. Para calcular o preço V de venda de cada móvel que fabrica, ele usa a seguinte fórmula: $V = 1,5c + 10$, sendo c o preço de custo desse móvel, em reais.
Considerando $c = 100$, então, Paulo vende esse móvel por:

a) R$ 110,00.
b) R$ 150,00.
c) R$ 160,00.
d) R$ 210,00.

32. (Saresp) Uma locadora cobra R$ 20,00 por dia pelo aluguel de uma bicicleta. Além disso, ela também cobra, apenas no primeiro dia, uma taxa de R$ 30,00. Chamando de x o número de dias que a bicicleta permanece alugada e de y o valor total do aluguel, é correto afirmar que:

a) $y = 600x$.
b) $y = 50x$.
c) $y = 30x + 20$.
d) $y = 20x + 30$.

Wasteresley Lima

33. (UMC-SP) Se $x = 1$, $y = 2x$ e $z = 2y$, o valor de $x + y + z$ é:

a) 3. b) 5. c) 7. d) 9.

34. (Fuvest-SP) O valor da expressão $a^3 - 3a^2x^2y^2$, para $a = 10$, $x = 2$ e $y = 1$, é:

a) 100.
b) 250.
c) -150.
d) -200.

35. (Fasp) O valor numérico da expressão $-x^3y + 5xy^2 - 6x$, para $x = -1$ e $y = \dfrac{1}{2}$, é:

a) 0. b) $\dfrac{21}{4}$. c) -3. d) $\dfrac{17}{4}$.

36. (PUC-DF) O valor numérico da expressão $2\sqrt{xy} - \sqrt{x^2 - 21y}$, para $x = 12$ e $y = 3$, é igual a:

a) 0. b) 3. c) 9. d) -3.

37. Sendo $m = 2$ e $n = -3$, quanto é mn^2?

a) 18. b) 36. c) -18. d) -36.

38. Os termos que faltam na sequência 7, 3, -1, ☐, -9, ☐ são, respectivamente:

a) 5 e 13.
b) -3 e -12.
c) -5 e -13.
d) 3 e 7.

39. Sendo $a = -1$, $b = -3$ e $c = 5$, o valor da expressão $\dfrac{a^2 - 2b - c}{b + 2}$ é:

a) 1. b) 2. c) -1. d) -2.

40. O sétimo termo da sequência de termo geral $n^2 + 1$, em que n é a posição do termo na sequência, é:

a) 49. b) 50. c) 15. d) 51.

41. (Fuvest-SP) O valor da expressão $\dfrac{a + b}{1 - ab}$ para $a = \dfrac{1}{2}$ e $b = \dfrac{1}{3}$ é:

a) 0. b) 1. c) 5. d) 6.

42. (UCMG) O valor da expressão $\dfrac{0,25 - x^2}{0,5 + x}$ para $x = -2,1$ é:

a) 2,6.
b) 3,1.
c) $-1,2$.
d) $-1,6$.

43. (Funcefet-RJ) Cada uma das figuras geométricas envolvidas nas operações a seguir tem um valor dado por um número inteiro.

Se ○ × 5 = 20, ○ × ○ = 28, ◇ + ○ + ○ = 6 e $\dfrac{○}{☐} = 2$, então $\dfrac{☐ + ○}{○ - ◇}$ é igual a:

a) 1. b) $\dfrac{3}{5}$. c) -1. d) $-\dfrac{3}{5}$.

CAPÍTULO 8 — Monômios

Monômio ou termo algébrico

Um **monômio** é um número ou produto de números em que alguns deles são **representados** por letras.

Exemplos:

A. $5x$
B. $\dfrac{3}{4}a^2$
C. $-xyz$
D. $-7ab^3c^2$

Em um monômio, as letras só devem apresentar **expoentes naturais**.

Partes de um monômio

Em um monômio, destacamos: o **coeficiente** (um número) e a **parte literal** (formada por letras).

Exemplos:

A. $7x$ → coeficiente: 7; parte literal: x

B. $-\dfrac{7}{4}a^2m$ → coeficiente: $-\dfrac{7}{4}$; parte literal: a^2m

C. $-abc^2$ → coeficiente: -1; parte literal: abc^2

D. $\dfrac{x^2y}{3}$ → coeficiente: $\dfrac{1}{3}$; parte literal: x^2y

Todo número não nulo é um monômio sem parte literal.

Exemplos:

A. $\sqrt{5}$
B. $-3,7$

O NÚMERO ZERO É CHAMADO DE **MONÔMIO NULO**.

Grau de um monômio

O grau de um monômio não nulo é dado pela soma dos expoentes de sua parte literal.

Exemplo:

O monômio $7x^2y^3$ é do 5º grau (resultado da adição dos expoentes das letras).

O grau de um monômio também pode ser dado em relação a uma letra de sua parte literal.

Exemplo:

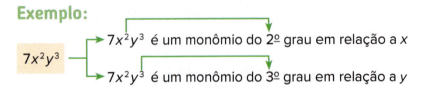

$7x^2y^3$ → $7x^2y^3$ é um monômio do 2º grau em relação a x

$7x^2y^3$ é um monômio do 3º grau em relação a y

EXERCÍCIOS

DE FIXAÇÃO

1. Quais das seguintes expressões são monômios?

a) $-x$

b) $3\sqrt{5}\,y$

c) $7a - 4$

d) $-9x^2y^3z$

e) $-9x^2 + y^3z$

f) $\dfrac{a + m}{7}$

g) abc

h) $a + b - c$

i) $\dfrac{am}{7}$

2. Complete esta tabela.

Monômio	Coeficiente	Parte literal	Grau do monômio
$-8x$			
	5	x^3	
$-y^5$			
	$\dfrac{1}{2}$	ab	
	9	x^2y^4	
p^2q			
	0,7	Não tem.	
$-\dfrac{1}{8}xy^4z^3$			

3. Representando por x a idade de uma pessoa, traduza algebricamente:

a) a idade dessa pessoa daqui a 12 anos;

b) a idade dessa pessoa no ano passado;

c) a idade que a pessoa terá quando tiver vivido tanto quanto viveu até hoje;

d) os anos que faltam para ela aposentar-se com 70 anos.

4. Entre as expressões algébricas que você escreveu no exercício anterior, qual pode ser chamada de monômio?

5. Quais das seguintes expressões algébricas são iguais ao monômio $6x$?

a) $x + 6$

b) $6 \cdot x$

c) $x \cdot 6$

d) $x + x + x + x + x + x$

6. Escreva um monômio que satisfaça a cada uma das condições a seguir.

a) Ter como parte literal xy^2.

b) Ter coeficiente -9 e parte literal m.

c) Ter duas variáveis, grau 9 e coeficiente -1.

7. Se o monômio $4x^m yz^n$ é do 6º grau, devemos ter:

a) $m + n = 4$.

b) $m + n = 6$.

c) $m + n = 5$.

d) $m + n = 3$.

59

Monômios ou termos semelhantes

Termos semelhantes ou **monômios semelhantes** são aqueles que têm a mesma parte literal ou não têm parte literal.

Exemplos:

A. $9x$ e $-7x$ são termos semelhantes

B. $5a^2b$ e $-3a^2b$ são termos semelhantes

C. $4{,}18$ e -5 são termos semelhantes ⟶ Os números são considerados termos semelhantes.

D. $8xy$ e $\dfrac{1}{2}yx$ são termos semelhantes ⟶ Não importa a ordem dos fatores literais.

Termos semelhantes
$7x$ e $5x$
$8a^2$ e a^2
$5xy^2$ e $3xy^2$

Termos não semelhantes
$7x$ e $5y$
$8a^2$ e a^3
$5xy^2$ e $3x^2y$

Os termos não têm a mesma parte literal.

Os expoentes de x e y são diferentes.

EXERCÍCIOS DE FIXAÇÃO

8. Identifique os pares de termos semelhantes.

a) $5x$ e $23x$

b) $4x$ e $9x^2$

c) $7y$ e $7x$

d) $3xy$ e $-yx$

e) $-6x^3$ e $-6x^2$

f) $3a$ e $-\dfrac{a}{2}$

g) 15 e -40

h) $4xy^2$ e $3x^2y$

i) abc e $-8cba$

j) $4m^2x^7$ e $-10x^7$

k) $-35ab^2$ e $18ab^2$

l) $-\dfrac{7}{6}mn$ e $\dfrac{4mn}{5}$

9. Forme conjuntos de termos semelhantes com os monômios do quadro.

$7x$	$-y^2$	y
$-3y$	$9y$	$3x$
$5y^2$	$9x^2$	$7y^2$
$6x^2$	$-4x$	$-8x^2$

10. Observe os quatro monômios da tabela e responda às questões.

A	B	C	D
$8mn^3$	$8m^3n$	$3yz^2$	$-3yz^2$

a) Quais deles têm maior grau?

b) Quais são semelhantes?

c) Quais têm o mesmo coeficiente?

Adição algébrica de monômios

3 peras + 2 peras = 5 peras → 3p + 2p = 5p
2 maçãs + 5 maçãs = 7 maçãs → 2m + 5m = 7m
4 peras + 3 maçãs = ? → 4p + 3m = ?

Acompanhe o cálculo: $7x^3 + 5x^3 = (7 + 5)x^3 = 12x^3$

Observe que devemos:

1º) somar algebricamente os coeficientes;
2º) manter a parte literal.

Exemplos:

A. $5x^3 - 9x^3 = -4x^3$

B. $7a - 6a + 2a = 3a$

A expressão $5x + 2y$ não pode ser simplificada, pois os termos $5x$ e $2y$ **não** são termos semelhantes.

EXERCÍCIOS DE FIXAÇÃO

11. Efetue as operações.
a) $4m + m$
b) $-7x - x$
c) $8a^4 - 6a^4$
d) $xy - 10xy$
e) $x + x$
f) $9a - 9a$
g) $3ab - 8ab$
h) $-7cd^2 - 5cd^2$
i) $8x - 7x + 2x$
j) $6t^2 - 4t^2 - 2t^2$
k) $3abc - 2abc + 5abc$
l) $-6m - m - 4m - 2m$

12. Efetue as operações.
a) $3x + 2{,}7x$
b) $1{,}7y - 4y$
c) $x - 0{,}5x$
d) $0{,}5m^2 - m^2$
e) $0{,}9a^3 - 0{,}4a^3 + 1{,}5a^3$
f) $0{,}3x - 0{,}01x - 0{,}1x$

13. Traduza o perímetro desta figura por um monômio sabendo que ABCD é um quadrado.

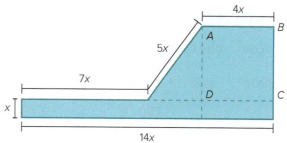

14. Veja o exemplo e efetue as operações.

$$\frac{2}{3}xy + \frac{1}{2}xy = \frac{4xy}{6} + \frac{3xy}{6} = \frac{7xy}{6}$$

a) $\dfrac{3x}{8} + \dfrac{1x}{2}$

b) $\dfrac{a}{2} - \dfrac{2a}{3}$

c) $\dfrac{4}{5}m - \dfrac{1}{2}m$

d) $-\dfrac{3}{2}x^2 - \dfrac{3}{4}x^2$

e) $7p - \dfrac{3}{5}p$

f) $\dfrac{1}{3}t - 2t$

Multiplicação de monômios

Acompanhe o cálculo: $(5x^2) \cdot (3x^4) = (5 \cdot x \cdot x) \cdot (3 \cdot x \cdot x \cdot x \cdot x) =$
$= 5 \cdot 3 \cdot x \cdot x \cdot x \cdot x \cdot x \cdot x =$
$= 15x^6$

Sempre é possível representar o produto de dois monômios como um único monômio.
O exemplo mostra que devemos:

1º) multiplicar os coeficientes;
2º) multiplicar as partes literais.

Exemplos:

A. $(+2x) \cdot (-3x^2) = \underbrace{(+2) \cdot (-3)}_{-6} \cdot \underbrace{x \cdot x^2}_{x^3} = -6x^3$

C. $(-6a^4) \cdot (-5a^3) = 30a^7$

B. $(7x) \cdot (-3x^2) = -21x^3$

D. $(5a^3x) \cdot (ax) \cdot (a^2y) = 5a^6x^2y$

Aplicamos as propriedades das potências.

Veja uma aplicação na Geometria:
Qual é a medida da área do retângulo?

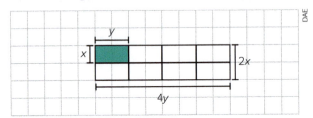

Observando a figura: $2x \cdot 4y = 8xy$.

Divisão de monômios

Acompanhe o cálculo:

$(20x^5) : (4x^2) = \dfrac{20x^5}{4x^2} =$

$= \dfrac{20 \cdot x \cdot x \cdot x \cdot \cancel{x} \cdot \cancel{x}}{4 \cdot \cancel{x} \cdot \cancel{x}} =$

$= 5 \cdot x \cdot x \cdot x =$
$= 5x^3$

O exemplo mostra que devemos:

1º) dividir os coeficientes;
2º) dividir as partes literais.

Exemplos:

A. $(15x^8) : (3x^6) = \dfrac{15x^8}{3x^6} = 5x^2$

B. $(25a^6x^5) : (-5a^2x^3) = -5a^4x^2$ — Ilustrando →

C. $(-12m^2) : (-6m^2) = 2$

D. $(-5a^4b) : (-2am) = \dfrac{5a^3b}{2m}$

- $25 : (-5) = -5$
- $a^6 : a^2 = a^4$
- $x^5 : x^3 = x^2$

Nos exemplos e nos exercícios a seguir, considere sempre que o divisor é diferente de zero.

Ao dividir um monômio por outro, podemos obter:
→ um número.
→ outro monômio.
→ uma fração algébrica.

EXERCÍCIOS
DE FIXAÇÃO

15. Calcule:
   a) $1{,}5p \cdot 2p$
   b) $(6x) \cdot (5y)$
   c) $(2a^7) \cdot (5a^2)$
   d) $(+2c) \cdot (-7ac)$
   e) $(+4p^2) \cdot (-6q^3)$
   f) $-3xyz \cdot (-5xyz)$
   g) $0{,}1 \cdot 10m$
   h) $3 \cdot (-5x)$
   i) $-x \cdot (-45x)$

16. Continue efetuando cálculos.
   a) $(-5x) \cdot (-3x) \cdot (-2x)$
   b) $(-8x^2) \cdot (+5x^3) \cdot (-3x)$
   c) $(7x^2y^4) \cdot (-2xy^2) \cdot (-xy)$

17. Qual é o monômio que representa a área total da figura a seguir?

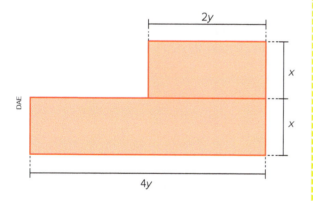

18. Observe o exemplo e calcule.

$$\left(\frac{1}{2}xz\right) \cdot \left(\frac{7}{5}yz\right) = \frac{7}{10}xyz^2$$

   a) $\left(-\frac{3}{4}x\right) \cdot \left(+\frac{2}{3}y\right)$
   b) $\frac{a}{3} \cdot \left(-\frac{2}{5}a^3\right)$
   c) $(-7xy^3) \cdot \left(-\frac{1}{5}x^2y\right)$

19. Calcule:
   a) $x^8 : x^2$
   b) $14m^2 : 7m$
   c) $-2x^3 : x$
   d) $-10a^5 : 2a^5$
   e) $(20x^2) : 4$
   f) $(18x^3) : 3x^3$
   g) $6m^5 : (-2m^2)$
   h) $10a^2m^3 : (-5am)$
   i) $12a^3d^2 : 2ad$

20. Continue efetuando cálculos.
   a) $(27x^3y^2) : (9x^2y)$
   b) $(+12x^2y^3) : (-3xy^2)$
   c) $(-3ab^3) : (-ab^2)$
   d) $(+2x^3y) : (-4x^2)$
   e) $(-8ac^5) : (-16c^2)$
   f) $(21x^4y) : (14xy^4)$

21. Determine as medidas desconhecidas.

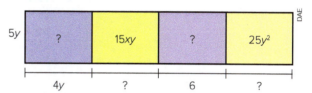

22. Observe o exemplo e calcule o que se pede.

$$\left(\frac{2}{3}m^5n^7\right) : \left(\frac{3}{2}n^3\right) = \left(\frac{2}{3} \cdot \frac{2}{3}\right)\frac{m^5n^7}{n^3} = \frac{4}{9}m^5n^4$$

   a) $\left(+\frac{1}{3}p^5\right) : \left(-\frac{1}{5}p^4\right)$
   b) $\left(+\frac{5}{6}a^2c\right) : \left(-\frac{10}{9}ac\right)$
   c) $\left(-\frac{2}{5}xy^2\right) : \left(-\frac{5}{4}xy^2\right)$
   d) $x^4 : \frac{1}{3}x^2$
   e) $\frac{2}{3}m^3 : \left(-\frac{2}{3}m\right)$
   f) $\left(\frac{2}{3}a^3\right) : (-3a)$

Potenciação de monômios

Acompanhe o cálculo:

$(7a^3m)^2 = (7a^3m) \cdot (7a^3m) =$
$= \underline{7 \cdot 7} \cdot \underline{a^3 \cdot a^3} \cdot \underline{m \cdot m} =$
$= 49a^6m^2$

O exemplo mostra que devemos:

1º) elevar o coeficiente à potência indicada;
2º) elevar a parte literal à potência indicada.

Exemplos:

A. $(-2x)^4 = (-2)^4 \cdot x^4 = 16x^4$

B. $(-5a^2c^3)^3 = (-5)^3 \cdot (a^2)^3 \cdot (c^3)^3 = -125a^6c^9$

Aplicamos as propriedades das potências.

Ilustrando:

Que expressão representa a área do quadrado abaixo?

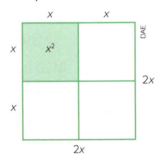

A área do quadrado maior pode ser determinada de dois modos:

- pela soma das áreas dos quatro quadrados menores;

$$x^2 + x^2 + x^2 + x^2 = 4x^2$$

- elevando o lado do quadrado maior ao expoente 2.

$$2x \cdot 2x = (2x^2) = 4x^2$$

! CURIOSO É...

Conhecemos e utilizamos vários símbolos matemáticos. Veja a seguir as datas, os nomes e a nacionalidade dos matemáticos que são considerados os responsáveis por sua criação.

+ e − ⟶ 1489 − Johann Widman − Alemanha
√ ⟶ 1525 − Christoff Rudolff − Alemanha
= ⟶ 1557 − Robert Recorde − Inglaterra
× (vezes) ⟶ 1618 − William Oughtred − Inglaterra
÷ ⟶ 1659 − Johann Rahn − Alemanha
x, y, z para variáveis ⟶ 1637 − René Descartes − França

Fonte: Anne Rooney. *A História da Matemática*. São Paulo: M. Books, 2012.

EXERCÍCIOS
DE FIXAÇÃO

23. Qual é o monômio que representa a área de cada uma das partes coloridas dos quadrados de lado x?

a)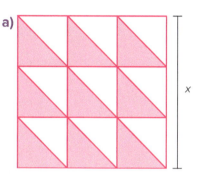

b)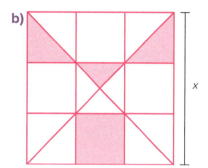

24. Calcule o que se pede.

a) $(x^7)^2$

b) $(am)^2$

c) $(3x)^2$

d) $(5x^2y^2)^2$

e) $(-4a^2y)^2$

f) $(-2pq)^3$

g) $(-4x^5)^2$

h) $(-3x^2y)^4$

i) $(-10am^2)^3$

25. Continue fazendo cálculos.

a) $(-cab^2)^4$

b) $(-7h^2m)^2$

c) $(-2a^2c^3)^3$

d) $(-5x^4y^3)^1$

e) $(-4x^2y^3)^0$

f) $(-3ax^5)^4$

26. Veja o exemplo e faça os cálculos.

$$\left(-\frac{1}{7}a^5\right)^2 = \left(-\frac{1}{7}\right)^2 \cdot (a^5)^2 = \frac{1}{49}a^{10}$$

a) $\left(-\dfrac{3}{5}p\right)^2$

b) $\left(-\dfrac{2}{3}xy\right)^3$

c) $\left(-\dfrac{1}{3}ac^2\right)^5$

d) $\left(+\dfrac{1}{4}ad^2\right)^2$

e) $\left(-\dfrac{x^3}{4}\right)^2$

f) $\left(-\dfrac{xy}{2}\right)^3$

27. A figura abaixo é formada por vários cubos.

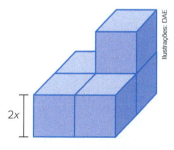

a) Qual é o monômio que representa o volume de cada cubo?

b) Qual é o monômio que representa o volume total dessa figura?

c) Qual é o volume dessa figura para $x = 4$ cm?

EXERCÍCIOS
COMPLEMENTARES

28. Qual das seguintes expressões não é monômio?

a) $7x$
b) $-x^2y$
c) $x^2 + y$
d) $\dfrac{x^2y}{4}$

29. Qual alternativa contém termos semelhantes?

a) $5x$, $5y$, $5z$
b) xy, $8x^2y^2$, x^3y^3
c) $3x^2y$, $4xy^2$, $5xy$
d) $-x^2y$, $5x^2y$, $9x^2y$

30. Calcule:

a) $2x + 6x + 0,3x + x$
b) $-36y - y$
c) $3a - 7a + a + 0,5a$
d) $x^5 - 21x^5 + 8x^5$
e) $-6abc - abc - 2abc$
f) $-7m + m + 6m$

31. Continue fazendo cálculos.

a) $-\dfrac{1}{3}x - \dfrac{5}{3}x$
b) $\dfrac{x}{2} + \dfrac{3x}{5} - \dfrac{2x}{5}$

32. Sejam:

$A = 5xy^2$	$C = 3xy$	$E = 5x^2y$
$B = -2x^2y$	$D = x^2y^2$	$F = -4xy^2$

Calcule o que se pede.

a) AB
b) CD
c) $2A - 3F$
d) $3(B + E)$
e) $2F - A$
f) $-4(E - B)$

33. Quantos cubos pequenos cabem no cubo grande?

a) 2
b) 4
c) 6
d) 8

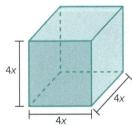

34. Escreva uma expressão simplificada para o perímetro de cada figura abaixo.

a)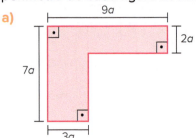

b)

35. O preço, em reais, de x artigos a 10 centavos cada um é:

a) $\dfrac{x}{10}$.
b) $10x$.
c) $\dfrac{10}{x}$.
d) $10 + x$.

36. Nesta figura, a área do quadrado é y^2 e as áreas de dois dos retângulos são xy e zy. A área do terceiro retângulo é:

a) x^2.
b) z^2.
c) xz.
d) yz.

37. (Encceja–MEC) Uma clínica de reabilitação possui uma escada para exercícios como a que se vê abaixo:

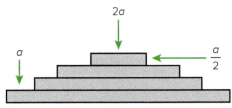

Uma pessoa, ao subir e descer essa escada, percorrerá, na horizontal, uma distância representada pela expressão algébrica:

a) $4a$.
b) $6a$.
c) $8a$.
d) $12a$.

PANORAMA

FAÇA AS ATIVIDADES A SEGUIR E REVEJA O QUE VOCÊ APRENDEU.

38. O produto $(0{,}2a^3) \cdot (0{,}3a^2)$ é igual a:
a) $0{,}6a^5$.
b) $0{,}6a^6$.
c) $0{,}06a^5$.
d) $0{,}06a^6$.

39. Os resultados de $3x + 2x$ e de $3x \cdot 2x$ são, respectivamente:
a) $5x$ e $6x$.
b) $5x^2$ e $6x$.
c) $5x$ e $6x^2$.
d) $5x^2$ e $6x^2$.

40. A expressão $(4x)^2 - x^2 + 3x^2$ equivale a:
a) $6x^2$.
b) $18x^2$.
c) $-6x^2$.
d) $20x^2$.

41. O resultado de $(-2x^2)^3 \cdot (-3x)^2$ é:
a) $6x^3$.
b) $48x^8$.
c) $72x^8$.
d) $-72x^8$.

42. O resultado de $(-5x^3)^2 : (5x^4)$ é:
a) x^2.
b) $5x^2$.
c) $-x^2$.
d) $-5x^{10}$.

43. Efetuando $4{,}5x^2y^4 : 1{,}8xy$, encontramos:
a) $3xy^3$.
b) $2{,}5x^2y^4$.
c) $2{,}5xy$.
d) $2{,}5xy^3$.

44. O resultado de $(p^2)^3 : (0{,}1p^3)^2$ é:
a) 10.
b) $10p$.
c) 100.
d) $100p$.

45. (SEE-SP) $\dfrac{x}{2} - \dfrac{2}{5}x$ é igual a:
a) $\dfrac{x}{10}$
b) $-\dfrac{x}{10}$
c) $\dfrac{x}{3}$
d) $-\dfrac{x}{3}$

46. (PUC-RJ) Se $y = 2x$ e $z = 2y$, então $x + y + z$ equivale a:
a) $3x$.
b) $5x$.
c) $7x$.
d) $9x$.

47. Se triplicarmos a medida dos lados de um quadrado, sua área ficará:
a) dividida por 3.
b) dividida por 6.
c) multiplicada por 4.
d) multiplicada por 9.

48. Qual é o monômio que representa a área desta figura?

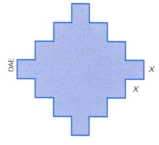

a) $16x^2$
b) $18x^2$
c) $25x^2$
d) $36x^2$

49. O monômio que representa a área da região destinada ao jardim de uma empresa cujo terreno retangular está representado na figura abaixo é:

a) $3x^2$.
b) $4x^2$.
c) $6x^2$.
d) $8x^2$.

50. Um homem compra diversos artigos por x reais a dúzia e revende cada artigo por $\dfrac{x}{9}$ reais. Em cada artigo, seu lucro em reais é de:
a) $\dfrac{x}{3}$.
b) $\dfrac{x}{4}$.
c) $\dfrac{x}{8}$.
d) $\dfrac{x}{36}$.

51. (Cefet-RN) Uma lanchonete vende sanduíches a x reais cada um. Sabendo que $\dfrac{1}{4}$ desse preço corresponde ao custo da carne, do pão e dos demais ingredientes, que $\dfrac{1}{2}$ desse preço corresponde a outras despesas e que o restante é lucro, o monômio que representa o lucro na venda de cada sanduíche é:
a) $0{,}5x$.
b) $0{,}7x$.
c) $0{,}25x$.
d) $0{,}75x$.

CAPÍTULO 9
Polinômios

Vamos determinar a área total da figura ao lado. Para isso, devemos calcular as áreas das figuras A, B e C e somá-las.

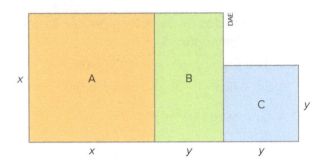

- área **A** = x^2
- área **B** = xy
- área **C** = y^2

A expressão que apresenta a área total dessa figura é $x^2 + xy + y^2$ e é denominada **polinômio**.

> Polinômio é um monômio ou a soma algébrica de monômios.

São também exemplos de polinômios as expressões:

A. $2x - 15$ **B.** $a^2 - 2ab - 6$ **C.** $x^4 - 3x^2 + 7x - 12$ **D.** $\frac{3}{5}y - \frac{2}{7}x + xy$

Os monômios que formam um polinômio também são chamados de **termos** do polinômio.

Quando um polinômio apresenta termos semelhantes, eles podem ser adicionados, ficando reduzidos a um só termo. Observe o exemplo:

$$5x^2 + 8x - x^2 - 2x = \underbrace{5x^2 - x^2}_{} + \underbrace{8x - 2x}_{} =$$
$$= \quad 4x^2 \quad + \quad 6x$$

Esse polinômio foi escrito de forma **mais simples**, e esse processo de simplificação é chamado **redução de termos semelhantes**.

Um polinômio sem termos semelhantes é chamado:

- monômio ⟶ se tiver 1 termo;
- binômio ⟶ se tiver 2 termos;
- trinômio ⟶ se tiver 3 termos.

> **Mono** significa "um" e **poli** significa "muitos"; mas observe que um polinômio pode ser simplesmente um monômio.

Exemplos:

A. $8a$ é um polinômio com um termo ou um **monômio**

B. $4x + 7$ é um polinômio com dois termos ou um **binômio**

C. $x^2 - 5x + 6$ é um polinômio com três termos ou um **trinômio**

Os polinômios com mais de três termos não têm nome especial.

EXERCÍCIOS
DE FIXAÇÃO

1. Indique a expressão correspondente à situação:

2. Escreva esta expressão de maneira simplificada:

$7b + 3m + 4p + 3b + 5m + 2p$

7 bananas
3 maçãs
4 peras

3 bananas
5 maçãs
2 peras

3. Reduza os termos semelhantes.
a) $4x - 2a + x$
b) $7x + 2x - y - 2y$
c) $5x^2 - 3x - 5x^2 - 4x$
d) $6a + 7y - 2y - 4a$
e) $-9x + 5m + 7x - 2m$

4. Continue reduzindo os termos semelhantes.
a) $15a + 10 - 3a$
b) $a + 1 + a - 7$
c) $-10x^2 - 3x - 5x^2$
d) $xy^2 + xy^2 + x^2y$
e) $8x^2 + 5y^2 - x^2 + 4xy$

5. Qual polinômio representa o perímetro deste retângulo?

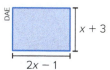

$x + 3$
$2x - 1$

6. A expressão $\dfrac{5}{2}m + \dfrac{n}{2} + 0{,}5n - \dfrac{m}{3}$ é igual a:
a) $2m + n$.
b) $-\dfrac{13}{6}m + n$.
c) $\dfrac{13}{6}m - n$.
d) $\dfrac{13}{6}m + n$.

7. Pensei em um número x. Adicionei a ele sua metade. Obtive:
a) $x + 2x$.
b) $x + \dfrac{1}{2}$.
c) $\dfrac{x+2}{2}$.
d) $x + \dfrac{x}{2}$.

8. Veja o exemplo e reduza os termos semelhantes:

$$x + 3 + \dfrac{x}{2} - \dfrac{1}{4} = x + \dfrac{x}{2} + 3 - \dfrac{1}{4} =$$
$$= \dfrac{2x+x}{2} + \dfrac{12-1}{4} =$$
$$= \dfrac{3x}{2} + \dfrac{11}{4}$$

a) $2x^3 + x^3 + x + \dfrac{1}{2}x$
b) $3a - 6a - \dfrac{3}{5} + 1$
c) $\dfrac{x}{9} - \dfrac{y}{2} - \dfrac{x}{6} + \dfrac{y}{3}$
d) $\dfrac{2}{3}a + \dfrac{1}{6} - \dfrac{a}{2} - \dfrac{1}{9}$

9. (OBM) Na figura, o número 8 foi obtido somando-se os dois números diretamente abaixo de sua "casinha". Os outros números nas três linhas superiores são obtidos da mesma forma. Qual é o valor de x?

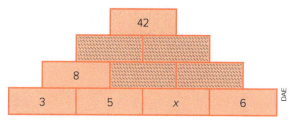

10. Classifique os polinômios como monômio, binômio ou trinômio.
a) 15
b) $7x^2$
c) $4a - 3m$
d) $5x^2 - 7x + 6$
e) $x + y + z$
f) $5a^4 - a^3 + a - 1$
g) xyz
h) $xy - z$
i) -1000
j) $-7 + x^3y$
k) $ab - bc + ac$
l) $a - b + c - \dfrac{1}{2}$

69

Grau de um polinômio

O grau de um polinômio reduzido não nulo é dado por seu termo de maior grau.

Exemplos:

A. O polinômio $\underbrace{2x^3y}_{4º\ grau} - \underbrace{5x^4y^3}_{7º\ grau} + \underbrace{xy}_{2º\ grau}$ é do **7º grau**.

B. O polinômio $\underbrace{7a^3}_{3º\ grau} + \underbrace{5a^2b^2}_{4º\ grau} - \underbrace{4ab}_{2º\ grau}$ é do **4º grau**.

O grau de um polinômio também pode ser dado em relação a determinada variável. O maior grau da variável considerada indica o grau do polinômio.

Assim:

- $7x^4y^3 + 2x^2y^5 - xy^7$ → polinômio do **4º grau** em relação a x

  → polinômio do **7º grau** em relação a y

  maior grau de x **maior** grau de y

Utilizando polinômios para representar situações-problema

Utilizando letras no lugar de números desconhecidos e as operações que conhecemos, podemos representar matematicamente problemas. Veja exemplos:

1. Janete comprou 3 canetas por x reais cada uma e 2 lápis que custaram y reais também cada um. O gasto de Janete pode ser representado por um polinômio:

$$3 \cdot x + 2 \cdot y \text{ ou, simplesmente, } 3x + 2y.$$

> Não precisamos escrever o sinal de multiplicação entre letra e número.

Observe que, neste caso, temos um binômio nas variáveis x e y.

2. Num estacionamento há x automóveis, y motos e z triciclos motorizados. O número total de rodas desses veículos pode ser representado pelo polinômio $4x + 2y + 3z$, que também é um trinômio.

3. Helena recebeu x reais de salário. Gastou a metade para pagar as despesas da casa e a terça parte para fazer uma viagem. A quantia que sobrou do total recebido pode ser expressa por:

$$x - \frac{x}{2} - \frac{x}{3} \text{ (temos somente uma variável, que é } x\text{).}$$

EXERCÍCIOS
DE FIXAÇÃO

11. Numa lanchonete, há x mesas com 4 pernas e y mesas com 3 pernas.

Escreva a expressão algébrica que representa:

a) o número de mesas;

b) o número de pés das mesas.

12. Augusto entrou em um supermercado com x reais e gastou metade. Qual dos seguintes polinômios corresponde à quantia de reais que lhe sobrou?

a) $x - 2x$

b) $x - \dfrac{1}{2}$

c) $x - \dfrac{x}{2}$

d) $1 - \dfrac{x}{2}$

13. A expressão $a^3 + b^3 + c^3 - 3abc$ é um:

a) monômio.

b) binômio.

c) trinômio.

d) polinômio.

14. Qual expressão a seguir representa um trinômio?

a) $4 + 3x^2 - 1 + 5x^2$

b) $4x + 3x^2 - x + 5x^2$

c) $4 + 3x - 1 + 5x^2$

d) $4 + 3x - 1 + 5x$

15. O polinômio $6x^3 - 2x^2 + x^5 - 8x^4 - 3$ é do:

a) 3º grau.

b) 4º grau.

c) 5º grau.

d) 6º grau.

16. Ao final de certo dia, uma confecção vendeu x camisetas de R$ 40,00, y camisetas de R$ 35,00 e z camisetas de R$ 50,00. Escreva o polinômio que representa o total de vendas em reais nesse dia.

17. No terreiro de uma chácara estão soltos x porcos e y galinhas. Represente com um polinômio o número total de patas de animais no terreiro.

18. Considere a expressão da lousa e responda:

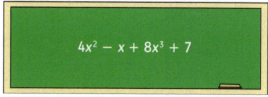

$4x^2 - x + 8x^3 + 7$

a) Como é denominada essa expressão?

b) Quantas variáveis há nesse polinômio?

c) Qual é o grau desse polinômio?

d) Qual é o valor numérico do polinômio para $x = -1$?

71

Operações com polinômios

A utilização de letras para representar valores desconhecidos é muito útil na resolução de problemas variados.

Por isso, é importante saber resolver operações com expressões algébricas como monômios, binômios, trinômios e polinômios. É o que você aprenderá a seguir. Acompanhe.

Adição

Vamos calcular:

$(5x^2 - 4x + 3) + (2x^2 + 7x - 9) =$

$= 5x^2 - 4x + 3 + 2x^2 + 7x - 9 = \longrightarrow$ Eliminamos os parênteses.

$= 5x^2 + 2x^2 - 4x + 7x + 3 - 9 = \longrightarrow$ Agrupamos os termos semelhantes.

$= 7x^2 + 3x - 6 \longrightarrow$ Reduzimos os termos semelhantes.

> Ao eliminarmos parênteses precedidos pelo sinal positivo (+), **não devemos trocar** os sinais dos termos neles incluídos.

Modo prático

Escrevemos cada polinômio numa linha colocando os termos semelhantes um embaixo do outro e somamos:

$5x^2$	$-4x$	$+3$
$2x^2$	$+7x$	-9
$7x^2$	$+3x$	-6

A soma é $7x^2 + 3x - 6$.

Observe que a adição de polinômios é a adição de todos os seus monômios.

Subtração

Acompanhe o cálculo:

$(5x^2 - 3x + 7) - (9x^2 - 5x + 2) =$

$= 5x^2 - 3x + 7 - 9x^2 + 5x - 2 =$

$= 5x^2 - 9x^2 - 3x + 5x + 7 - 2 =$

$= -4x^2 + 2x + 5$

> **Sinal negativo**
> Devemos **trocar** os sinais dos termos do segundo polinômio que está entre parênteses.

Observe que:

> Para subtrair um polinômio de outro, basta somar o primeiro com o oposto do segundo.

Modo prático

Devemos colocar os termos semelhantes um embaixo do outro:

$5x^2$	$-3x$	$+7$
$-9x^2$	$+5x$	-2
$-4x^2$	$+2x$	$+5$

$\longrightarrow$ sinais trocados

EXERCÍCIOS DE FIXAÇÃO

19. Efetue estas adições.

a) $7x^2 - 6x$
$-2x^2 - x$

b) $x^2 + 3y^2 - z^2$
$x^2 - y^2 + 4z^2$

c) $x^3 + 5x^2 - x$
$-5x^2 + 8x$

d) $m^3 - m^2 - 10m$
$- m^2 + 18m - 4$

20. A diferença $(10h^4 + h^2) - (10h^4 - h^2)$ é igual a:

a) 0.
b) h^4.
c) $2h^2$.
d) $20h^4 + 2h^2$.

21. O resultado de $-(-x^3 + y^2) - (7x^3 - 2y^2)$ é:

a) $8x^3 - y^2$.
b) $-6x^3 + y^2$.
c) $-8x^3 + y^2$.
d) $-8x^3 - 3y^2$.

22. O resultado de
$(-2x^2 - 5x) + (8x - 6) - (-3x^2 + 7x)$ é:

a) $x^2 - 6x + 3$.
b) $x^2 - 4x - 6$.
c) $-5x^2 + 6x - 6$.
d) $-5x^2 + 10x - 12$.

23. Efetue as adições de polinômios.

a) $(-2x + 3y) + (9x - 7y)$
b) $(a^2 + a - 8) + (-a^2 - a + 8)$
c) $(3m - 7) + (5m + 2) + (-6m + 4)$
d) $(5x^3 + 4x^2 - 2x) + (-5x^3 - 4x^2 + 7x - 3)$

24. Se

$A = -x - 2y + 10$
$B = x + y + 1$
$C = -3x - 2y + 1$

então, $A - B - C$ é igual a:

a) $x - y + 8$.
b) $3x + y + 10$.
c) $-5x - 3y + 12$.
d) $-3x - 5y + 10$.

25. O polinômio que representa o perímetro da figura abaixo é:

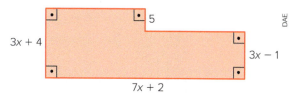

a) $18x + 11$.
b) $18x + 12$.
c) $20x + 11$.
d) $20x + 12$.

26. Efetue as seguintes subtrações de polinômios:

a) $(4x^2 - 4x + 5) - (2x^2 + 7x - 1)$
b) $(6a - 3b + 2c) - (2a - 2b + 5c)$
c) $(4x^3 - 5x^2 - 2) - (+7 - 6x^3)$
d) $(h^2 - h - 1) - (-h^2 + h + 1)$

27. O consecutivo de $2n - 3$ é:

a) $2n - 1$.
b) $2n + 2$.
c) $2n - 2$.
d) $2n - 4$.

28. (SEE-RJ) Numa adição de polinômios encontrou-se o resultado $3x^3 - 4x + 6$, mas verificou-se que a parcela $5x^3 - 8x^2 - 9$ havia sido incluída indevidamente. O resultado certo da adição é:

a) $2x^3 - 8x^2 + 4x - 15$.
b) $-2x^3 + 8x^2 - 4x + 15$.
c) $8x^3 - 8x^2 - 4x - 3$.
d) $-8x^3 - 8x^2 - 4x + 3$.

29. Para evitar o uso de dinheiro, um hotel fazenda entregou aos hóspedes um colar contendo 5 contas vermelhas, 8 brancas e 10 azuis. Uma conta branca correspondia a 5 azuis ou valia metade da vermelha.
Se cada conta azul valia R$ 1,00, pode-se concluir que o valor do colar era:

a) R$ 80,00.
b) R$ 90,00.
c) R$ 100,00.
d) R$ 120,00.

AQUI TEM MAIS

Considere que:

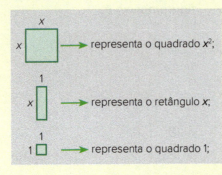
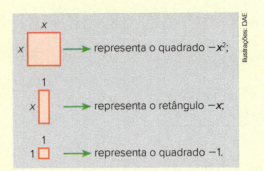

A. Podemos efetuar de forma geométrica a **adição** de polinômios observando que as figuras de cores diferentes representam quantidades opostas e "anulam-se" aos pares. Veja o exemplo:

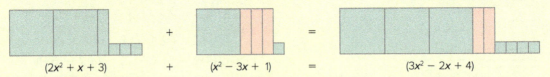

$(2x^2 + x + 3) \quad + \quad (x^2 - 3x + 1) \quad = \quad (3x^2 - 2x + 4)$

B. Vamos efetuar, geometricamente, a subtração de polinômios. Veja o exemplo:

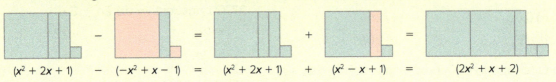

$(x^2 + 2x + 1) \quad - \quad (-x^2 + x - 1) \quad = \quad (x^2 + 2x + 1) \quad + \quad (x^2 - x + 1) \quad = \quad (2x^2 + x + 2)$

Tarefa especial

1. O número de cada retângulo é obtido adicionando os números dos dois retângulos situados abaixo dele. Escreva uma expressão simplificada para o retângulo colorido superior.

a)
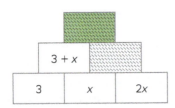

b)
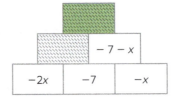

c)
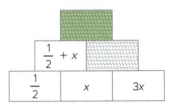

2. (NCE-UFRJ) Em um programa de televisão, no qual são distribuídos prêmios, são feitas 15 perguntas aos candidatos. Toda pergunta deve ser respondida. Para cada resposta certa o candidato ganha 2 pontos e, a cada errada, perde 1 ponto. Se indicarmos por x o número de respostas certas, a expressão que indica a pontuação do candidato é:

a) $3x + 15$. b) $3x - 15$. c) $2x + 15$. d) $2x - 15$.

3. A soma de três dos polinômios abaixo é igual a $7x + 6$. Quais são os três polinômios?

a) $3x + 2$ b) $3x - 2$ c) $2x + 6$ d) $2x - 2$ e) $2x + 3$

Multiplicação de monômio por polinômio

Acompanhe o cálculo:

$2x \cdot (7x^2 - 4x + 5) = 2x \cdot (7x^2) - 2x \cdot (-4x) + 2x \cdot (5) =$
$= 14x^3 - 8x^2 + 10x$

Usamos a propriedade distributiva.

Essa multiplicação também pode ser indicada da seguinte maneira:

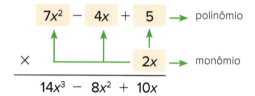

Multiplicamos o monômio por todos os termos do polinômio.

Exemplos:

A. $3x \cdot (5x^2 + y) = 15x^3 + 3xy$

B. $-4m^2 \cdot (3m - 5) = -12m^3 + 20m^2$

C. $2a \cdot (a^2 - 3ac + c^2) = 2a^3 - 6a^2c + 2ac^2$

D. $5xy \cdot (2y^2 - 3xy + x^2) = 10xy^3 - 15x^2y^2 + 5x^3y$

EXERCÍCIOS DE FIXAÇÃO

30. Esta figura representa um jardim retangular.

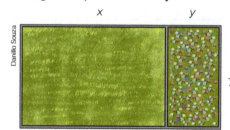

a) Qual é o polinômio que representa o perímetro do jardim?

b) Qual é o monômio que representa a área do canteiro de flores?

c) Qual é o polinômio que representa a área total do jardim?

31. Calcule estes produtos.

a) $10 \cdot (4p + 5q)$

b) $8 \cdot (-2x^2 - x - 7)$

c) $-x \cdot (-x + xy)$

d) $-3t \cdot (-2t - 5)$

32. Calcule os produtos a seguir.

a) $(y^2 - 6y) \cdot 4y$

b) $(-b - a) \cdot 3ab$

c) $(-ab) \cdot (a - b)$

d) $(a + m) \cdot (-am)$

e) $(-p^2 - 4p + 1) \cdot (-p^3)$

f) $-2pq \cdot (-3p^2 - q + 1)$

33. Qual é o polinômio que representa a medida da área colorida deste retângulo?

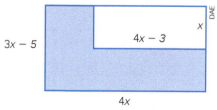

34. Efetue as multiplicações abaixo.

a) $\dfrac{1}{2} \cdot (8x - 12y - 32)$

b) $-\dfrac{3}{4} \cdot (12m - 4n - 8)$

Multiplicação de polinômio por polinômio

Vamos calcular o produto usando a propriedade distributiva da multiplicação:

$(3x + 5) \cdot (4x - 2) = 3x \cdot (4x - 2) + 5 \cdot (4x - 2) =$
$= 12x^2 - 6x + 20x - 10 =$
$= 12x^2 + 14x - 10$

Na prática, multiplicamos cada termo do primeiro polinômio por todos os termos do segundo e, em seguida, reduzimos os termos semelhantes.

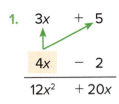

$(3x + 5) \cdot (4x - 2) = 12x^2 - 6x + 20x - 10 = 12x^2 + 14x - 10$

Podemos também utilizar este **dispositivo prático**:

1.				2.				3.		
	$3x$	$+5$			$3x$	$+5$			$3x$	$+5$
	$4x$	-2			$4x$	-2			$4x$	-2
	$12x^2$	$+20x$			$12x^2$	$+20x$			$12x^2$	$+20x$
					$-6x$	-10			$-6x$	-10
									$12x^2 + 14x$	-10

Termos semelhantes embaixo de termos semelhantes.

Os polinômios devem estar ordenados em potências decrescentes.

Exemplos:

A. Calcule $(3x - 5) \cdot (2x - 1)$.

$$
\begin{array}{r}
3x - 5 \\
2x - 1 \\
\hline
6x^2 - 10x \\
-3x + 5 \\
\hline
6x^2 - 13x + 5
\end{array}
$$

B. Calcule $(3x^2 - 2x + 1) \cdot (2x + 3)$.

$$
\begin{array}{r}
3x^2 - 2x + 1 \\
2x + 3 \\
\hline
6x^3 - 4x^2 + 2x \\
+ 9x^2 - 6x + 3 \\
\hline
6x^3 + 5x^2 - 4x + 3
\end{array}
$$

➕ AQUI TEM MAIS

Vamos ilustrar a seguinte multiplicação usando áreas de retângulos.

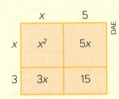

	x	5
x	x^2	$5x$
3	$3x$	15

Área $= (x + 3) \cdot (x + 5) =$
$= x^2 + 3x + 5x + 15 =$
$= x^2 + 8x + 15$

EXERCÍCIOS DE FIXAÇÃO

35. O produto $-4(m^2n)(-3m^4n^3)$ é igual a:
a) $12m^6n^3$.
b) $12m^8n^3$.
c) $12m^6n^4$.
d) $-12m^6n^4$.

36. O produto $\frac{1}{3}am^2(-3a^3m^2)$ é igual a:
a) a^4m^4.
b) a^3m^4.
c) $-a^4m^4$.
d) $-\frac{1}{9}a^4m^4$.

37. O produto $(0,2x^3)(0,3x^2)$ é igual a:
a) $0,6x^5$.
b) $6x^6$.
c) $0,06x^5$.
d) $5x^5$.

38. O produto $\left(\frac{1}{2}xy\right)\left(\frac{1}{2}xy\right)\left(\frac{1}{2}xy\right)$ é igual a:
a) $\frac{1}{8}x^3y^3$.
b) $\frac{1}{6}x^3y^3$.
c) $\frac{1}{8}xy$.
d) $\frac{3}{6}x^3y^3$.

39. Observe o retângulo a seguir.

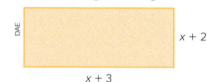

a) O que significa a expressão $2(x+2) + 2(x+3)$ em relação a essa figura?
b) E a expressão $(x+2)(x+3)$?
c) Escreva um polinômio na forma reduzida que represente o perímetro e outro que represente a área desse retângulo.

40. Calcule estes produtos.
a) $(x+3) \cdot (x+4)$
b) $(a-2) \cdot (a-7)$
c) $(y-6) \cdot (y+6)$
d) $(2x-5) \cdot (3x-2)$
e) $(1-2x) \cdot (4+3x)$
f) $(-x+4) \cdot (x+5)$

41. Calcule os produtos a seguir.
a) $(x^2+3x) \cdot (x-4)$
b) $(x^7+3) \cdot (x^7-3)$
c) $(1-t^4) \cdot (1+t^4)$
d) $(xy-7) \cdot (xy+6)$

42. Calcule estes produtos.
a) $(x^2+3x-4) \cdot (x-2)$
b) $(c^3+4c^2+c) \cdot (c-1)$
c) $(-y^2+y-3) \cdot (-y+1)$
d) $(x^3-2x^2+x+1) \cdot (x-1)$

43. Se $A = -x^2+5x-7$ e $B = 3x+8$, então $2A - B$ é igual a:
a) $-2x^2-2x+1$.
b) $-2x^2+2x-6$.
c) $2x^2+7x-6$.
d) $-2x^2+7x-22$.

44. (SEE-RJ) O produto $(2x^3-3x^2)(2x^2-x)$ é um polinômio cujo termo de quarto grau é:
a) $8x^4$.
b) $4x^4$.
c) $-4x^4$.
d) $-8x^4$.

45. Simplifique estas expressões seguindo o exemplo.

$x \cdot (x+y) - y \cdot (x-y) - 5y^2 =$
$= x^2 + xy - xy + y^2 - 5y^2 =$
$= x^3 - 4y^2$

a) $3 \cdot (x+1) - 2 \cdot (x-2)$
b) $3x \cdot (x-4) + 2x \cdot (x-8)$

46. Simplifique as expressões a seguir de acordo com o exemplo.

$(x+4) \cdot (x-3) - (-6x^2+4x+2) =$
$= (x^2+x-12) - (-6x^2+4x+2) =$
$= x^2+x-12+6x^2-4x-2 =$
$= x^2+6x^2+x-4x-12-2 =$
$= 7x^2-3x-14$

a) $(x+3) \cdot (x+4) - 2 \cdot (x+1)$
b) $3x \cdot (x-1) + (x+2) \cdot (x+5)$
c) $(x+7) \cdot (x-7) + (x+2) \cdot (x-1)$
d) $(3x+1) \cdot (2x-3) - (6x-1) \cdot (x+2)$

47. Qual polinômio representa a área colorida da figura abaixo?

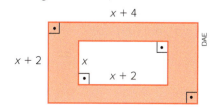

Divisão de polinômio por monômio

Vamos efetuar a divisão:

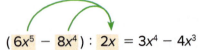

$(6x^5 - 8x^4) : 2x = 3x^4 - 4x^3$

Na prática, usamos a forma fracionária.

$(6x^5 - 8x^4) : 2x = \dfrac{6x^5}{2x} - \dfrac{8x^4}{2x} = 3x^4 - 4x^3$

Exemplos:

A. $(15a^4 - 12a^3 + 3a^2) : 3a = \dfrac{15a^4}{3a} - \dfrac{12a^3}{3a} + \dfrac{3a^2}{3a} = 5a^3 - 4a^2 + a$

B. $(40x^3 - 3x) : (-5x) = -\dfrac{40x^3}{5x} + \dfrac{3x}{5x} = -8x^2 + \dfrac{3}{5}$

Os exemplos nos mostram que:

> Dividimos cada termo do polinômio pelo monômio.

EXERCÍCIOS DE FIXAÇÃO

48. Calcule estes quocientes.
 a) $(14x^2 - 8) : 2$
 b) $(6x^2 - 21x + 5) : 3$
 c) $(-9a^2 + 13) : (-1)$
 d) $(30x^4 - 15x^2) : (-3)$

49. Calcule os quocientes a seguir.
 a) $(12x^2 + 9x) : 3x$
 b) $(-6x^2 + 4x) : 2x$
 c) $(x^4 + 5x^3 + x^2 - 4x) : x$
 d) $(-8a^4 + 6a^3 - 10a) : (-2a)$
 e) $(40x^2 - 20x - 3ax) : (-10x)$

50. Calcule estes quocientes.
 a) $(4,2x^2 - 0,49x) : 0,7x$
 b) $(0,36a^4 - 4,8a^2) : 0,06a$
 c) $(24x^4m^2 - 10x^3m) : 4x^2m$

51. (Cesgranrio-RJ) Simplificando a expressão $a^3(a^2 + a^3) : a^5$, encontramos:
 a) $1 + a$.
 b) $1 - a$.
 c) $1 + 5a$.
 d) $a + a^2$.

52. Dividindo-se o resultado de $(-2,5x^3y^2 + 2,3x^3y^2 - 0,4x^3y^2)^2$ por $0,4x^2y^4$ obtém-se:
 a) $0,9x^4$.
 b) $0,9x^3$.
 c) $0,9x^3y$.
 d) $0,9x^4y$.

53. Escreva uma expressão simplificada que represente a medida da área do triângulo abaixo.

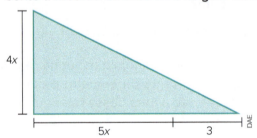

54. (ORM – Grande Porto Alegre-RS) Escolhi um número, multipliquei-o por quatro (4), somei oito (8) ao resultado e finalmente dividi o que restou por dois (2). O resultado foi igual:
 a) ao dobro do número.
 b) a quatro (4) vezes o número mais quatro (4).
 c) ao dobro do número mais quatro (4).
 d) ao dobro do número mais oito (8).

Divisão de polinômio por polinômio

Vamos mostrar, por meio de exemplos, uma regra prática para efetuar a divisão de polinômios.

Exemplos:

A. Vamos efetuar a divisão $(6x^3 - 11x^2 + 12x - 15) : (3x^2 - x + 4)$.

Solução:

$6x^3 - 11x^2 + 12x - 15$ | $3x^2 - x + 4$

↓ termo de maior grau ↓ termo de maior grau

$6x^3 - 11x^2 + 12x - 15$ | $3x^2 - x + 4$
 | $2x$

Os termos dos polinômios devem estar em ordem decrescente em relação ao expoente da variável.

Dividimos o primeiro termo ($6x^3$) por $3x^2$. Obtemos $2x$.

$6x^3 - 11x^2 + 12x - 15$ | $3x^2 - x + 4$
$-6x^3 + 2x^2 - 8x$ | $2x$
${-9x^2 + 4x - 15}$

Multiplicamos $2x$ pelos termos do divisor, colocando o resultado com **sinal trocado** sob o dividendo. Em seguida, adicionamos os termos semelhantes e baixamos o termo seguinte.

$6x^3 - 11x^2 + 12x - 15$ | $3x^2 - x + 4$
$-6x^3 + 2x^2 - 8x$ | $2x - 3$ ← quociente
${-9x^2 + 4x - 15}$
${+9x^2 - 3x + 12}$
${x - 3}$ ← resto

Repetimos todo o procedimento com o resto parcial obtido até que o resto tenha grau menor que o divisor.

Observe que:

$\underbrace{6x^3 - 11x^2 + 12x - 15}_{\text{dividendo}} = \underbrace{(3x^2 - x + 4)}_{\text{divisor}} \cdot \underbrace{(2x - 3)}_{\text{quociente}} + \underbrace{(x - 3)}_{\text{resto}}$

B. Vamos efetuar a divisão $(2x^4 - 9x^3 - 6x^2 + 16x - 5) : (2x^2 + x - 3)$

Solução:

Os polinômios estão ordenados decrescentemente.

$2x^4 - 9x^3 - 6x^2 + 16x - 5$ | $2x^2 + x - 3$
$-2x^4 - x^3 + 3x^2$ | $x^2 - 5x + 1$ ← quociente
${-10x^3 - 3x^2 + 16x}$
${+10x^3 + 5x^2 - 15x}$
${+2x^2 + x - 5}$
${-2x^2 - x + 3}$
${-2}$ ← resto

A divisão não é exata.

EXERCÍCIOS
DE FIXAÇÃO

55. Efetue estas divisões de polinômios.

a) $(x^2 + 9x + 14) : (x + 7)$

b) $(6x^2 - 13x + 8) : (3x - 2)$

c) $(12x^2 - 11x - 15) : (4x + 3)$

d) $(2x^3 - 5x^2 + 6x - 4) : (x - 1)$

e) $(-15x^3 + 29x^2 - 33x + 28) : (3x - 4)$

f) $(x^3 - 6x^2 - x + 30) : (x^2 - x - 6)$

g) $(2x^4 + 3x^3 - x^2 + 7x - 3) : (2x^2 - x + 3)$

h) $(-8x^4 - 8x^3 + 6x^2 - 16x + 8) : (4x^3 + 6x^2 + 8)$

56. Acompanhe a divisão $(x^4 - 4x^2 + 8x + 35) : (x^2 - 4x + 7)$.

Iniciamos a divisão lembrando de acrescentar, no dividendo, o termo $0x^3$.

```
 x⁴ -  0x³ -  4x² +  8x + 35  | x² - 4x + 7
-x⁴ +  4x³ -  7x²                x² + 4x + 5  ← quociente
       4x³ - 11x² +  8x
      -4x³ + 16x² - 28x
              5x² - 20x + 35
             -5x² + 20x - 35
                             0  ← resto
```

Agora determine o quociente e o resto destas divisões.

a) $(3x^3 - 30x + 2) : (x^2 - 3x + 1)$

b) $(x^4 + x^2 - 3x + 1) : (x^2 - x - 1)$

c) $(8x^4 - 6x^2 + 3x - 2) : (2x^2 - 3x + 2)$

d) $(x^3 - 64) : (x - 4)$

57. (Mack-SP) O polinômio que dividido por $(x + 5)$ tem por quociente $(x - 2)$ e resto 3 é:

a) $x^2 + 3x + 7$.
b) $x^2 + 3x - 7$.
c) $x^2 - 3x - 7$.
d) $x^2 + 3x - 13$.

58. (ET-UFPR) A área do retângulo da figura abaixo é dada por $x^2 + 6x + 8$. A medida do menor lado desse retângulo é dada por:

a) $2x$.
b) $x + 1$.
c) $x + 2$.
d) $x + 4$.

AQUI TEM MAIS

Observe que a divisão de polinômios é muito parecida com a divisão de números inteiros.
Veja a divisão $697 : 32$.

```
 600 + 90 + 7  | 30 + 2
-600 - 40        20 + 1
       50 + 7
      -30 - 2
       20 + 5    Resposta: O quociente é 21 e o resto 25.
```

EXERCÍCIOS
COMPLEMENTARES

59. Qual polinômio representa a área desta figura?

60. Calcule:
a) $(x^2 - 1{,}5x + 2) + (-x^2 + 2{,}3x - 6)$
b) $(15xy^2 + 3x^2y) + (-10xy^2 - 3x^2y - x^3)$

61. Dados os polinômios

$$E = 3x - 5y + 7$$
$$F = 2x - 3y - 6$$
$$G = -x - y - 1$$

calcule:
a) $E + F + G$
b) $E + F - G$
c) $G - F + E$
d) $G - E - F$

62. Calcule estes produtos.
a) $x \cdot (-2 + xy)$
b) $2x^3 \cdot (6x^2 + 7)$
c) $xy \cdot (x^3 - y^3)$
d) $-5m \cdot (m^2 - 4m - 2)$

63. Escreva o polinômio que possibilita calcular a área da parte colorida da figura.

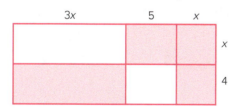

64. Calcule os produtos a seguir.
a) $(x^3 - 2) \cdot (x^3 + 6)$
b) $(pq - 5) \cdot (pq + 2)$
c) $(-x + 5) \cdot (x + 2)$
d) $(x^2 + x - 1) \cdot (x - 1)$

65. Determine estes quocientes.
a) $(-6y^4 - 15y^7) : (-3y)$
b) $(9x^3 + 6x^2 - 12x) : 4x$

66. Simplifique as expressões a seguir.
a) $2 \cdot (-6p + 3q) - 7(p - q)$
b) $10 - 4(x - 3) - x(6x - 1)$
c) $15 - (3x + 2) \cdot (x - 7)$
d) $4x + (2x + 5) \cdot (5x - 2) - 8$

67. Calcule.
a) $\left(\dfrac{1}{2}a - c\right) - \left(\dfrac{1}{2}c - \dfrac{3}{4}a\right)$
b) $\left(x^4 - x^2 + \dfrac{3}{5}\right) - \left(x^4 - x^2 + \dfrac{1}{2}\right)$

68. O resultado de $\dfrac{x}{2} \cdot (10x - 8)$ é:
a) $5x - 4$.
b) $5x^2 + 4$.
c) $5x^2 - 4x$.
d) $10x^2 - 8$.

69. O quociente $(a^{60} - a^{20}) : a^{10}$ tem como resultado:
a) $a^6 - a^2$.
b) $a^6 + a^2$.
c) $a^{50} - a^{10}$.
d) $a^{50} + a^{10}$.

70. Calcule estes quocientes.
a) $\left(-\dfrac{2}{3}x - 10\right) : (-2)$
b) $(-m^2 + m) : \left(\dfrac{1}{3}m\right)$

71. (Cefet-PR) O polinômio que expressa a área da figura ao lado é:
a) $5y^2 + 5xy$
b) $4y^2 + 3xy$
c) $5y^2 + 3xy$
d) $5y^2 + 5xy$

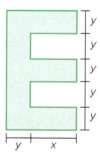

72. (SEE-SP) De uma folha retangular, de lados iguais a x e $x + 8$, foram recortados dois quadrados de lado y, conforme mostra a figura. O perímetro dessa folha, após o recorte, pode ser corretamente expresso por:
a) $4x + 16$
b) $6x + 18$
c) $4x + 16 - 4y$
d) $4x + 6y + 12$

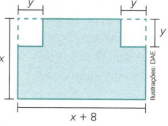

EXERCÍCIOS
SELECIONADOS

73. (NCE-UFRJ) As idades de Chico, Juca e Matias são números consecutivos de modo que Chico é um ano mais novo que Juca, que é um ano mais novo que Matias. Se x é a idade de Chico, então a soma das idades dos três será igual a:

a) $x + 3$ b) $2x + 3$ c) $3x + 3$ d) $3x + 6$

74. (Cefet-PI) Observando a tirinha que segue, assinale a alternativa em que consta uma expressão para o problema proposto.

a) $3x + 9$ b) $1,5x + 9$ c) $3x + 6,5$ d) $1,5x + 6,5$

75. Observe estes dez cartões numerados:

1	2	3	4	5
$-7a + (-3a - 20)$	$a - (-1 + 4a)$	$-4 - (a - 1)$	$-3(-a - 1)$	$-a + (-a + 1)$

6	7	8	9	10
$-2a - (-4a + 2)$	$5 - (8 + a)$	$1 - (-a - 3)$	$3(a - 1)$	$2(a - 1)$

Indique o(s) número(s) do(s) cartão(ões) que representa(m) os polinômios a seguir:

a) $3a + 3$ c) $a + 4$ e) $-3 - a$ g) $3a - 3$
b) $-2a + 1$ d) $-3a + 1$ f) $-10a - 20$ h) $2a - 2$

76. (NCE-UFRJ) Luíza saiu de sua casa, localizada no ponto A, e passou pela casa de quatro de seus amigos, indicadas na figura pelos pontos B, C, D e E, separadas entre si pelas distâncias indicadas na figura. Se a distância total percorrida por Luíza até chegar à residência indicada pela letra E é de 28 unidades de comprimento, qual o valor de x?

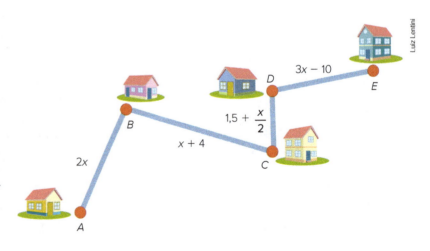

PANORAMA

FAÇA AS ATIVIDADES A SEGUIR E REVEJA O QUE VOCÊ APRENDEU.

NO CADERNO

77. (Saresp) Numa padaria há um cartaz afixado em que constam os seguintes itens:

LEITE R$ 1,70   PÃO R$ 0,12

Joana comprou uma quantidade x de litros de leite e uma quantidade y de pães.
A expressão algébrica que representa essa compra é:

a) $10x + 3y$.
b) $10y + 3x$.
c) $0,12x + 1,70y$.
d) $1,70x + 0,12y$.

78. Se

$$A + B = 2x + 3y - 4$$
$$B = 5x - 2y - 1$$

então, o polinômio A é:

a) $3x - 5y + 3$.
b) $3x + 5y - 3$.
c) $-3x + 5y + 3$.
d) $-3x + 5y - 3$.

79. A expressão $12 \cdot \left(\dfrac{x}{3} + \dfrac{x}{4} - \dfrac{x}{2} \right)$ é igual a:

a) x.
b) $\dfrac{x^3}{3}$.
c) $60x$.
d) $\dfrac{12x}{5}$.

80. (Cefet-SC) Seis pessoas vão a um restaurante e pedem seis pratos do dia e cinco sobremesas. Se o prato do dia custa x reais e cada sobremesa custa 3 reais a menos que o prato do dia, qual é o polinômio que representa a quantia que essas pessoas gastam no restaurante?

a) $11x - 3$
b) $15 - 11x$
c) $6x - 5x - 3$
d) $6x + 5(x - 3)$

81. (Cefet-SC) A distribuição dos salários de uma empresa está representada no quadro abaixo. Qual é o polinômio cuja forma reduzida expressa o total dos salários dos funcionários dessa empresa?

Número de funcionários	Salário de cada um (em reais)
12	x
5	$x + 1000$
3	$2x$

a) $4x + 1000$
b) $x + 20\,000$
c) $23x + 5\,000$
d) $20x + 1000$

82. O resultado de $0,5(0,3x + 4,2y)$ é:

a) $1,5x + 2,1y$.
b) $1,5x + 0,21y$.
c) $0,15x + 21y$.
d) $0,15x + 2,1y$.

83. O produto $(xy + 7) \cdot (xy - 9)$ tem como resultado:

a) $x^2y^2 - 63$.
b) $x^2y^2 - 2xy - 63$.
c) $xy^2 - 2xy - 63$.
d) $x^2y^2 - 16xy - 63$.

84. A expressão $3x(5x - 1) + (-2x)^2$ é igual a:

a) $15x^2 + x$.
b) $4x^2 + 15x - 1$.
c) $19x^2 - 3x$.
d) $11x^2 - 3x$.

85. Sílvia tem bombons em 4 caixas. Há 10 bombons na primeira caixa e x bombons em cada uma das outras três. Se ela comeu 2 de cada caixa, quantos bombons restaram?

a) $3x + 8$
b) $3x + 2$
c) $3x - 2 + 8$
d) $3x + (10 - 2)$

CAPÍTULO 10 — Equações do 2º grau do tipo $ax^2 = b$

Revendo equações do 1º grau

Vamos recordar a resolução de equações do 1º grau, estudadas no 7º ano.

A. A balança está em equilíbrio, e as abóboras têm a mesma massa. Qual é a massa (em kg) de cada abóbora?

Considerando que *x* é a incógnita que representa a massa de cada abóbora, o problema pode ser traduzido por meio da equação a seguir.

$$2x + 3 = 11$$
$$2x = 11 - 3$$
$$2x = 8$$
$$x = \frac{8}{2}$$
$$x = 4$$

1º membro: $2x + 3$
2º membro: 11

→ 4 é a solução dessa equação

Então, cada abóbora pesa 4 kg.

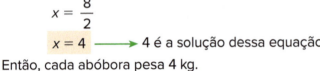

Veja a solução das equações a seguir sendo *x* um número real.

Na resolução de uma equação com parênteses, começa-se por escrever uma equação equivalente sem parênteses.

B.
$$3(2x - 1) = 2(x + 1) + 3$$
$$6x - 3 = 2x + 2 + 3$$
$$6x - 2x = 2 + 3 + 3$$
$$4x = 8$$
$$x = \frac{8}{4}$$
$$x = 2$$

- Eliminar os parênteses.
- Subtrair $2x$ de ambos os membros.
- Dividir ambos os membros por 4.
- A solução é 2.

C.
$$\frac{x+2}{2} - \frac{5-x}{2} = 1 + \frac{2x-1}{3}$$
$$\frac{3(x+2)}{6} - \frac{3(5-x)}{6} = \frac{6}{6} + \frac{2(2x-1)}{6}$$
$$3(x+2) - 3(5-x) = 6 + 2(2x-1)$$
$$3x + 6 - 15 + 3x = 6 + 4x - 2$$
$$3x + 3x - 4x = 6 - 2 - 6 + 15$$
$$2x = 13$$
$$x = \frac{13}{2}$$

- Reduzir ao mesmo denominador: m.m.c. $(2, 2, 3) = 6$.
- Eliminar o denominador multiplicando ambos os membros pelo m.m.c.
- Eliminar os parênteses.
- Resolver usando as propriedades das igualdades.
- A solução é $\frac{13}{2}$.

Problemas resolvidos por meio de equações do 1º grau

Relembrando informações

Equação é uma igualdade em que há pelo menos uma letra para representar um valor desconhecido.

A(s) letra(s) que representa(m) valores desconhecidos são as **incógnitas** da equação.

Resolver uma equação é encontrar o valor da incógnita que torna a igualdade verdadeira.

Existem equações com uma única solução, com mais do que uma solução e sem solução.

Por exemplo:
- A equação $x + 5 = 8$ tem uma única solução, que é $x = 3$.
- A equação $x + 2 = x$ não tem solução, pois não há número que somado a 2 resulte nele mesmo.
- A equação $x + x = 2x$ tem infinitas soluções, pois todo número somado a ele mesmo resulta em seu dobro.

Resolução de problemas representados por equações

Exemplos:

1. Comprei uma torta de frango e duas tortas de palmito. Gastei, no total, R$ 112,00. Se a torta de palmito custou R$ 8,00 a mais que a de frango, qual foi o preço de cada tipo de torta?

Se x representar o preço da torta de frango, a torta de palmito será representada por $x + 8$. Uma equação pode representar o problema:

$x + \underbrace{2(x + 8)}_{\text{2 tortas de palmito}} = 112$

(1 torta de frango)

Resolvendo a equação:
$x + 2x + 16 = 112$
$3x + 16 = 112$
$3x = 96$
$x = 32$

Preço da torta de frango: R$ 32,00
Preço da torta de palmito: R$ 40,00

2. A terça parte da idade de meu pai é igual à idade que ele tinha 28 anos atrás. Quantos anos tem meu pai?

- x: idade do pai;
- a terça parte dessa idade é $\dfrac{x}{3}$;
- a idade do pai há 28 anos: $x - 28$.

Equação: $\dfrac{x}{3} = x - 28$

$\dfrac{x}{3} = \dfrac{3x}{3} - \dfrac{84}{3}$ ⟶ reduzimos ao mesmo denominador

$x - 3x = -84$ ⟶ multiplicamos ambos os membros da equação por 3 e determinamos x
$-2x = -84$
$x = 42$ ⟶ O pai tem 42 anos.

85

EXERCÍCIOS DE FIXAÇÃO

1. Calcule, mentalmente, o valor de x.
a) $x - 1 = 8$
b) $x + 0,5 = 10$
c) $0,4x + 5 = 9$
d) $x - \frac{1}{2} = 0,5$
e) $6x = 12$
f) $12x = 6$
g) $1,1x = 5,5$
h) $x + \frac{3}{5} = \frac{7}{5}$

2. Resolva estas equações.
a) $13x - 10 = 16$
b) $20 = 6x - 10$
c) $-9x - 8 = 10$
d) $6x + 2 = 5x - 8$
e) $3x + 7 = 5x + 13$
f) $x - 2x + 4x = 81$

3. Resolva as equações a seguir.
a) $5(x - 1) = 30$
b) $7(x - 2) = 5(x + 3)$
c) $2(x - 5) + 4(x - 1) = 0$
d) $3(x - 1) - 2(x - 3) = 10$
e) $3(x + 10) - 2(x - 5) = 0$
f) $7(x - 1) - 2(x - 5) = x - 5$

4. Resolva:
a) $(x + 1)^2 - x^2 = 17$
b) $x(x + 5) = (x + 1)^2 + 26$
c) $(x - 4)^2 = x^2 - 40$
d) $(x + 3)^2 - 24 = (x - 3)^2$

5. Resolva estas equações.
a) $\frac{x}{2} - \frac{x}{4} = 5$
b) $5x + \frac{1}{3} = 2x - \frac{1}{2}$
c) $\frac{x - 5}{3} + \frac{3x - 1}{2} = 4$
d) $\frac{x - 1}{5} = x - \frac{2x - 1}{3}$

6. Qual é o valor de x?

a)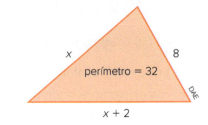

b)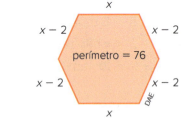

7. (Comperj) Fernando gastou a terça parte de seu salário para pagar o aluguel e a quarta parte, em compras de mercado. Se ainda sobraram R$ 550,00, qual é, em reais, o salário de Fernando?

8. (Prominp) Mauro fez quatro depósitos mensais em sua caderneta de poupança, sempre dobrando o valor em relação ao mês anterior. Se, ao todo, Mauro depositou R$ 300,00, qual o valor, em reais, depositado no último mês?

9. (UFRJ) Maria faz hoje 44 anos e tem dado um duro danado para sustentar suas três filhas: Marina, de 10 anos; Marisa, de 8 anos; e Mara, de 2 anos. Maria decidiu que fará uma viagem ao Nordeste para visitar seus pais, no dia do seu aniversário, quando sua idade for igual à soma das idades de suas três filhas. Com que idade Maria pretende fazer a viagem?

Equações do 2º grau do tipo $ax^2 = b$

- **Quais números elevados ao quadrado resultam em 49?**

Podemos traduzir esse problema por meio de uma equação representando por x os números desconhecidos: $x^2 = 49$.

Sabemos que $7^2 = 49$ e $(-7)^2 = 49$.

Essa equação tem como solução dois números distintos: 7 e -7.

A equação que resolvemos é do **2º grau**, pois a incógnita x está elevada ao quadrado.

Vamos resolver a seguir mais algumas equações desse tipo.

1. $x^2 = 25$

   Como $(-5)^2 = 25$ e $5^2 = 25$, as soluções são:

   $x = -5$ ou $x = 5$

2. $x^2 = 3$

   Os números que elevados ao quadrado resultam em 3 são $-\sqrt{3}$ e $\sqrt{3}$.

   Como essas raízes não são exatas, deixaremos as soluções na forma de radical:

   $$x = -\sqrt{3} \text{ ou } x = \sqrt{3}$$

   > Lembre-se: elevar ao quadrado e extrair a raiz quadrada são operações inversas:
   > $$\left(\sqrt{3}\right)^2 = 3 \text{ e } \left(-\sqrt{3}\right)^2 = 3$$

3. $x^2 = -4$

   Essa equação não tem solução em $\mathbb{Q}$, pois não há número nos conjuntos numéricos que conhecemos que elevado ao quadrado resulte em um número negativo.

4. Vamos resolver um problema?

   Alexandre recortou 40 quadrados iguais em cartolina e cobriu com eles uma superfície de 1440 cm². Qual é a medida do lado de cada quadrado?

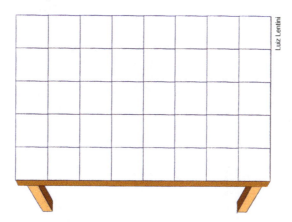

Representando a medida do lado do quadrado por x, temos que $40x^2 = 1440$.

Dividindo ambos os membros da equação por 40:

$$x^2 = 36$$
$$x = \pm\sqrt{36}$$
$$x = \pm 6$$

Como se trata de medida, a solução negativa não serve.

O lado de cada quadrado mede 6 cm.

EXERCÍCIOS
DE FIXAÇÃO

10. Responda:
   a) Quais são os números que ao quadrado resultam em 64?
   b) Qual é a solução da equação $x^2 = 64$?

11. Responda:
   a) Quais são os números que ao quadrado resultam em −9?
   b) Qual é a solução da equação $x^2 = -9$?

12. Resolva estas equações.
   a) $x^2 = 4$
   b) $x^2 = 100$
   c) $2x^2 = 128$
   d) $3x^2 = 27$
   e) $4x^2 = 16$
   f) $x^2 = 5$
   g) $4x^2 = 49$
   h) $2x^2 = 14$
   i) $x^2 = 0{,}49$
   j) $x^2 = 0{,}04$
   k) $x^2 - 9 = 0$
   l) $x^2 + 3 = 0$
   m) $\dfrac{x^2}{8} = 2$
   n) $2x^2 - 1 = 31$

13. O triplo do quadrado de certo número negativo é 243. Escreva a equação do 2º grau que representa o problema e descubra qual é esse número.

14. Jair comprou 4 vidros quadrados idênticos para colocar na janela do banheiro.
O vidraceiro cobrou por uma área de vidro igual a um quarto de metro quadrado.

Qual é a medida em centímetros do lado de cada quadrado de vidro?

15. Somei 72 ao dobro do quadrado de um número positivo e obtive 200. Escreva e resolva a equação do 2º grau que representa este problema e descubra qual é o número.

16. Qual das equações abaixo não tem solução no conjunto dos números racionais?
   a) $x^2 - 7 = -3$
   b) $x^2 = 17$
   c) $x^2 + 2 = 1$

EXERCÍCIOS
COMPLEMENTARES

17. (Vunesp) O anúncio colocado em uma placa informa que, durante as férias, as bicicletas serão alugadas mediante o pagamento de uma taxa fixa de R$ 3,50, acrescida de R$ 1,25 por hora de aluguel.

A fim de determinar por quanto tempo (h) uma pessoa pode alugar uma bicicleta, dispondo de R$ 20,00, pode-se recorrer à equação:

a) $1{,}25h = 18{,}75$
b) $4{,}75h - 20{,}00 = 0$
c) $1{,}25h - 16{,}50 = 0$
d) $1{,}25 + 3{,}50h = 20{,}00$

18. Comprei 3 camisetas de mesmo preço e 1 calça, pagando ao todo R$ 168,00. A calça custou R$ 40,00 a mais que cada camiseta. Qual foi o preço da calça?

19. A soma de três números naturais consecutivos é 264. Quais são esses números?

20. Somando a metade da minha idade com o dobro da idade de meu irmão, obtenho a idade de minha mãe: 45 anos. Se meu irmão é 5 anos mais velho que eu, quantos anos eu tenho?

21. (Vunesp) As figuras representam uma balança em duas situações de equilíbrio:

↑ Figura 1 – Oito esferas equilibram dois cones e um cubo.

↑ Figura 2 – Um cubo e uma esfera equilibram um cone.

O número de esferas que equilibram um cone é:

a) 3.   b) 4.   c) 5.   d) 6.

22. (CPII-RJ) Observe as expressões abaixo:

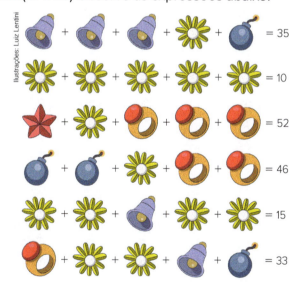

Quanto vale cada um dos desenhos dessas somas?

23. A metade do quadrado de um número positivo é igual a 72. Escreva a equação do 2º grau que representa esse problema, resolva-a e determine qual é esse número.

PANORAMA

FAÇA AS ATIVIDADES A SEGUIR E REVEJA O QUE VOCÊ APRENDEU.

24. (Vunesp) O dobro de um número somado ao triplo do mesmo número resulta −60. Então, a quarta parte desse número é:

   a) 3   b) −2   c) −3   d) −12

25. (Vunesp) Do quádruplo de um número subtraiu-se 6 e obteve-se 0,75. Então, o valor desse número é:

   a) $\frac{16}{27}$.   b) $\frac{27}{16}$.   c) $\frac{20}{16}$.   d) $\frac{17}{16}$.

26. (Prominp) Um grupo de amigos decidiu fazer um churrasco e, para tal, precisava arrecadar determinada quantia. Eles fizeram as contas e concluíram que, se 40 pessoas dividissem a despesa, cada uma pagaria x reais. Caso a despesa fosse dividida entre 50 pessoas, cada uma pagaria R$ 5,00 a menos. Qual era, em reais, a quantia necessária para fazer esse churrasco?

   a) R$ 1.000,00   c) R$ 1.500,00
   b) R$ 1.200,00   d) R$ 2.000,00

27. (Prominp) Dona Maria foi ao mercado levando o dinheiro exato para comprar 3 kg de feijão. Chegando lá, viu que o preço do quilo de feijão havia aumentado em R$ 0,10. Assim, ela pôde comprar somente 2 kg, e voltou para casa com R$ 1,50 de troco. Quanto Dona Maria pagou, em reais, em cada quilo de feijão?

   a) 1,50   c) 1,80
   b) 1,60   d) 1,90

28. (Obmep) Um grupo de amigos acabou de comer uma *pizza*. Se cada um der R$ 8,00, faltarão R$ 2,50 para pagar a *pizza* e, se cada um der R$ 9,00, sobrarão R$ 3,50. Qual é o preço da *pizza*?

29. (Vunesp) Um professor irá distribuir 3 folhas de papel para cada um de seus alunos, para a realização de um trabalho em sala de aula. Como no dia dessa aula 2 alunos faltaram, cada um dos alunos presentes recebeu uma folha a mais de papel. O número de folhas que o professor levou foi:

   a) 15.   b) 18.   c) 24.   d) 30.   e) 33.

30. As equações $2x^2 = 18$ e $x^2 - 1 = 8$:

   a) têm as mesmas soluções.
   b) têm como soluções raízes quadradas não exatas.
   c) não têm solução no conjunto dos números racionais.
   d) têm como soluções frações simétricas.

31. Qual das alternativas apresenta uma equação que não tem solução no conjunto dos números racionais?

a) $x^2 = 7$ b) $x^2 - 11 = -2$ c) $4x^2 + 2 = 3$ d) $9x^2 + 4 = 3$

32. O quadrado de certo número positivo é igual à soma do quadrado de 5 com o quadrado de 12. Que número é este?

a) 12   b) 13   c) 14   d) 15

33. (Unesp) Duas empreiteiras farão conjuntamente a pavimentação de uma estrada, cada uma trabalhando a partir de uma das extremidades. Se uma delas pavimentar $\frac{2}{5}$ da estrada e a outra os 81 km restantes, a extensão dessa estrada é de:

a) 125 km.   b) 135 km.   c) 142 km.   d) 145 km.   e) 160 km.

34. (Uece) Uma peça de tecido, após a lavagem, perdeu $\frac{1}{10}$ de seu comprimento e este ficou medindo 36 metros. Nestas condições, o comprimento, em m, da peça antes da lavagem era igual a:

a) 44
b) 42
c) 40
d) 38

35. Subtraí 1 do quadrado de certo número negativo e obtive o triplo de 16. O número é:

a) 7
b) −7
c) 12
d) −12

36. Somando as soluções positivas das equações $2x^2 - 1 = 71$ e $\frac{x^2}{4} = 16$ obtemos:

a) 50   b) 24   c) 14   d) 12

37. (PUC-MG) Para cobrir eventuais despesas durante uma excursão, os estudantes A e B receberam quantias iguais. Ao final da excursão, A tinha $\frac{1}{7}$ do total recebido e B, $\frac{1}{8}$ do total recebido, ficando com R$ 2,00 a menos que A. O valor que cada estudante recebeu, em reais, é:

a) 112
b) 134
c) 168
d) 180

38. As soluções da equação $\frac{2x^2}{5} - 9 = 1$ se localizam na reta entre os inteiros:

a) −3 e 3   b) −4 e 4   c) −5 e 5   d) −6 e 6

39. A terça parte do quadrado de um número negativo resulta em $\frac{1}{75}$. Então, o dobro deste número é:

a) $-\frac{1}{5}$ b) $-\frac{2}{5}$ c) $\frac{1}{5}$ d) $\frac{2}{5}$

CAPÍTULO 11
Sistemas de equações do 1º grau com duas incógnitas

Equações do 1º grau com duas incógnitas

QUAL NÚMERO SOMADO COM 7 RESULTA EM 12?

É fácil descobrir mentalmente que esse número é o 5, pois $5 + 7 = 12$.

Sabemos representar e resolver esse problema por meio de uma equação.

x: número desconhecido

$x + 7 = 12$

$x = 5$

Esta é uma equação do 1º grau com uma incógnita: x.

5 é a solução ou raiz dessa equação. É o único número que, quando colocado no lugar de x, torna a igualdade $x + 7 = 12$ verdadeira.

Agora, veja o problema a seguir.

A soma de dois números inteiros é 12. Quais são esses números?

Podemos pensar em várias soluções, por exemplo:

- 1 e 11;
- 2 e 10;
- 6 e 6;
- −12 e 24;
- 15 e −3;
- inúmeras outras.

Se representarmos um dos números por x e o outro por y, podemos escrever uma equação: $x + y = 12$, que tem infinitas soluções.

Essa é uma equação do 1º grau com duas incógnitas: x e y.

E se fosse dada mais uma informação sobre os dois números cuja soma é 12?

UM DOS NÚMEROS É O DOBRO DO OUTRO.

AGORA SIM! OS NÚMEROS SÃO 4 E 8, POIS 8 É O DOBRO DE 4 E 4 + 8 = 12.

Uma segunda informação fez com que a resolução do problema passasse a ser única.

A segunda informação pode ser representada por $x = 2y$ (um dos números é o dobro do outro).

Para representar o problema, temos duas equações

$$\begin{cases} x + y = 12 \\ x = 2y \end{cases} \Rightarrow \text{Solução: } x = 8 \text{ e } y = 4$$

Essas equações juntas formam o que chamamos de **sistema de equações**. Estudaremos como representar problemas por meio de sistemas e como resolvê-los.

Método da substituição

Vimos que $\begin{cases} x + y = 12 \\ x = 2y \end{cases}$ é um sistema de equações do 1º grau. Resolvemos esse sistema mentalmente determinando que os números são $x = 8$ e $y = 4$. No entanto, muitas vezes não é tão simples encontrar a solução. Por isso, veremos estratégias para resolver sistemas.

1. No sistema acima, temos que $x = 2y$. Podemos substituir x por $2y$ na outra equação do sistema, que é: $x + y = 12$.

   Assim: $2y + y = 12$.

   A substituição fez com que a equação ficasse somente com a incógnita y. Sabemos resolvê-la:

   $$3y = 12$$
   $$y = 4$$

   Voltamos então à equação: $x = 2y$.

   Como $y = 4$, temos que $x = 2 \cdot 4 = 8$.

   A solução desse sistema é $x = 8$ e $y = 4$.

   Representamos essa solução por um par ordenado $(x; y)$.

   A solução é $(8; 4)$.

   Perceba que substituímos uma das incógnitas para chegar a uma equação com uma única incógnita. Por isso esse método é chamado de método de substituição.

2. Numa papelaria, gastam-se R$ 8,00 para comprar um lápis e uma caneta. Comprando seis lápis e uma caneta, o gasto passa a ser de R$ 18,00. Quanto custam cada lápis e cada caneta?

   Vamos representar por letras os valores que queremos determinar.

   x: preço de um lápis e y: preço de uma caneta

   Teremos duas equações formando um sistema:

   $$\begin{cases} x + y = 8 \\ 6x + y = 18 \end{cases}$$

   Se $x + y = 8$, então $x = 8 - y$.

   Substituindo x por $8 - y$ na segunda equação, temos:

   $6(8 - y) + y = 18$, que sabemos resolver.

   $48 - 6y + y = 18$

   $-5y = 18 - 48$

   $-5y = -30$

   $5y = 30$ *Multiplicamos ambos os membros da equação por (−1).*

   $y = 6$

   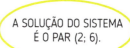

   Uma caneta custa R$ 6,00. Um lápis custa R$ 2,00, pois $x = 8 - y$, ou seja, $x = 8 - 6 = 2$.

3. Vamos resolver o sistema $\begin{cases} x = -3y \\ x + 2y = -\dfrac{1}{4} \end{cases}$

   Substituindo x por $-3y$ na 2ª equação:

   $-3y + 2y = -\dfrac{1}{4}$

   $-y = -\dfrac{1}{4} \Rightarrow y = \dfrac{1}{4}$. Como $x = -3y$, temos $x = -\dfrac{3}{4}$.

   Solução: $\left(-\dfrac{3}{4}; \dfrac{1}{4}\right)$

EXERCÍCIOS
DE FIXAÇÃO

1. Resolva os sistemas a seguir.

a) $\begin{cases} x + y = 11 \\ x - y = 3 \end{cases}$

b) $\begin{cases} x + y = 6 \\ 2x + y = 4 \end{cases}$

c) $\begin{cases} 3x + y = 5 \\ 2x + y = 4 \end{cases}$

d) $\begin{cases} x - y = 6 \\ x + y = -7 \end{cases}$

e) $\begin{cases} x = 5 - 3y \\ 2x - y = -4 \end{cases}$

f) $\begin{cases} y = 4 - 2x \\ 5x - 2y = 1 \end{cases}$

g) $\begin{cases} 2x - y = 1 \\ 4x - 3y = 1 \end{cases}$

h) $\begin{cases} x - 3 = -y \\ 3x + 2 = y + 3 \end{cases}$

i) $\begin{cases} x - 3y = 1 \\ 2x + 5y = 13 \end{cases}$

j) $\begin{cases} y = \dfrac{x}{2} \\ x + y = \dfrac{1}{2} \end{cases}$

k) $\begin{cases} x = -y \\ \dfrac{3x}{2} + y = 3 \end{cases}$

l) $\begin{cases} x + \dfrac{1}{2} = y \\ 2y + x = 4x + \dfrac{1}{2} \end{cases}$

AQUI TEM MAIS

Você sabe o que significa somar duas igualdades membro a membro?
Considere as seguintes igualdades numéricas:

$4 + 5 = 9$ ⟶ primeira igualdade

$6 + 7 = 13$ ⟶ segunda igualdade

Somando os números do lado esquerdo e os números do lado direito, temos:

$$4 + 5 = 9$$
$$6 + 7 = 13$$
$$\underbrace{4 + 6}_{10} + \underbrace{5 + 7}_{12} = \underbrace{9 + 13}_{22}$$ ⟶ Obtivemos uma terceira igualdade.

Perceba que o processo continua válido mesmo aparecendo uma subtração. Veja:

$21 + 7 = 28$ ⟶ primeira igualdade
$10 - 4 = 6$ ⟶ segunda igualdade
$\underbrace{21 + 10}_{31} + \underbrace{7 - 4}_{3} = \underbrace{28 + 6}_{34}$ ⟶ terceira igualdade

Vamos usar essa ideia para resolver um sistema do 1º grau pelo método da adição.

Método da adição

Esse método de resolução de sistemas de equações baseia-se na adição de igualdades membro a membro. Vamos resolver um problema aplicando-o e depois veremos mais exemplos de sua utilização.

1. Juntando minhas economias com as de minha irmã, obtemos R$ 300,00. A diferença entre nossas quantias é de R$ 4,00. Quanto tenho em minhas economias? Quanto tem minha irmã?

    Representaremos as quantias de cada um com letras:

    $x \longrightarrow$ quantia maior

    $y \longrightarrow$ quantia menor

    Vamos escrever o sistema que representa a situação: $\begin{cases} x + y = 300 \\ x - y = 4 \end{cases}$

    Observe que, se somarmos as equações membro a membro, a incógnita y se anulará, pois $+y + (-y) = 0$.

    Essa é a ideia do método da adição: eliminar uma incógnita pela soma das equações.

    $\begin{cases} x + y = 300 \\ x - y = 4 \end{cases}$ Somando membro a membro.

    $2x = 304$

    $x = 152$ Descobrimos a maior quantia: R$ 152,00.

    Como $x + y = 300$, substituiremos x por 152 nessa equação:

    $152 + y = 300$

    $y = 300 - 152$

    $y = 148$ A menor quantia é R$ 148,00.

    Resposta: Você tem R$ 152,00 e sua irmã tem R$ 148,00.

2. Resolva o sistema: $\begin{cases} 5x - 2y = 1 \\ x + 4y = 9 \end{cases}$

    Veja a solução a seguir.

    Nesse sistema, nem os coeficientes de x nem os coeficientes de y são simétricos. Nesse caso, antes de somar as equações, multiplicamos por 2 os termos da primeira equação:

    $\begin{cases} 5x - 2y = 1 \xrightarrow{\text{Multiplicamos por 2.}} 10x - 4y = 2 \\ x + 4y = 9 \xrightarrow{\text{Não muda.}} x + 4y = 9 \end{cases}$ $\longrightarrow 11x = 11 \longrightarrow x = \dfrac{11}{11} \longrightarrow \boxed{x = 1}$

    Substituindo x por 1 na equação $5x - 2y = 1$:

    $5 \cdot 1 - 2y = 1$

    $5 - 2y = 1$

    $-2y = 1 - 5$

    $-2y = -4$

    $y = \dfrac{4}{2} \Rightarrow \boxed{y = 2}$

    Se quiséssemos eliminar x, multiplicaríamos a segunda equação por (-5) e manteríamos a primeira equação.

    Logo, o par ordenado (1; 2) é a solução do sistema.

3. Resolva o sistema: $\begin{cases} 3x + 5y = 7 \\ 2x - 3y = 11 \end{cases}$

Veja a solução:

$\begin{cases} 3x + 5y = 7 \\ 2x - 3y = 11 \end{cases}$ —Multiplicamos por 3.→ $9x + 15y = 21$
—Multiplicamos por 5.→ $10x - 15y = 55$
_____
$19x = 76$

→ $x = \dfrac{76}{19}$ $\boxed{x = 4}$

Substituindo **x** por 4 na equação $3x + 5y = 7$:

$3 \cdot 4 + 5y = 7$
$12 + 5y = 7$
$5y = 7 - 12$
$5y = -5$
$y = \dfrac{-5}{5}$ $\boxed{y = -1}$

Logo, o par ordenado (4; −1) é a solução do sistema.

➕ AQUI TEM MAIS

Galinhas e porcos

Em um quintal, há galinhas e porcos num total de 10 cabeças e 28 pés. Quantos porcos e quantas galinhas há no quintal?

- Resumindo:

> número de galinhas + número de porcos = 10
> pés de galinhas + pés de porcos = 28

Este é um problema que normalmente se resolve com equações algébricas do 1º grau, mas aqui ele será resolvido por tentativa.

A solução do problema é constituída de números naturais, uma vez que falamos de galinhas e porcos.

Começamos supondo que não há porcos e só há galinhas; então calculamos o número de pés e vamos "fechando o cerco" diminuindo gradativamente o número de galinhas e aumentando o de porcos até chegarmos a um ponto em que os números batam.

Número de galinhas	Número de porcos	Número de pés
10	0	20
9	1	22
8	2	24
7	3	26
6	4	28

Dessa tabela podemos concluir que no quintal há 6 galinhas e 4 porcos.

EXERCÍCIOS
DE FIXAÇÃO

2. Resolva estes sistemas pelo método da adição.

a) $\begin{cases} 3x + 5y = 11 \\ 2x - y = 16 \end{cases}$

b) $\begin{cases} x + y = 8 \\ x - 2y = 2 \end{cases}$

c) $\begin{cases} 3x + 3y = 21 \\ 2x - y = 5 \end{cases}$

d) $\begin{cases} x + y = 2 \\ 4x - 2y = 5 \end{cases}$

e) $\begin{cases} 2x + 3y = 1 \\ 2x + 5y = -1 \end{cases}$

f) $\begin{cases} 5x - y = 4 \\ 2x - y = -5 \end{cases}$

3. Resolva os sistemas a seguir pelo método da adição.

a) $\begin{cases} 3x + 2y = 2 \\ 2x + 3y = 3 \end{cases}$

b) $\begin{cases} 4x + 2y = -2 \\ 2x + 3y = -7 \end{cases}$

c) $\begin{cases} 3x + 4y = 2 \\ 2x + 5y = -1 \end{cases}$

d) $\begin{cases} 3x + 5y = 11 \\ 4x - 3y = 5 \end{cases}$

e) $\begin{cases} 5x - 3y = 9 \\ 4x + 2y = 16 \end{cases}$

f) $\begin{cases} 5x - 3y = 2 \\ 2x - 4y = -2 \end{cases}$

4. Leia as informações a seguir.
- Se comprarmos 8 pastéis e 6 empadinhas, gastaremos R$ 24,00.
- Se comprarmos 2 pastéis e 4 empadinhas, gastaremos R$ 11,00.

Calcule:

a) Quanto pagaremos por 4 pastéis e 3 empadinhas?

b) Quanto pagaremos por 10 pastéis e 10 empadinhas?

c) Quanto pagaremos por 1 pastel e 1 empadinha?

d) Quanto pagaremos por 3 pastéis e 3 empadinhas?

5. A soma de dois números é 14 e a diferença é 2. Quais são esses números?

6. Em uma turma há 33 alunos, e a diferença entre o dobro do número de meninas e o número de meninos é 12. Quantas são as meninas?

7. Em uma garagem há automóveis e motocicletas. Contamos 17 veículos e 58 rodas. Qual é o número de automóveis?

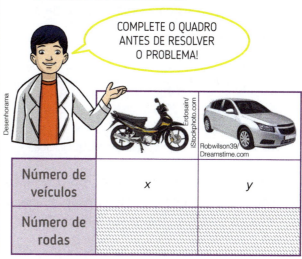

COMPLETE O QUADRO ANTES DE RESOLVER O PROBLEMA!

Número de veículos	x	y
Número de rodas		

Sistemas impossíveis e sistemas indeterminados

1. Observe as equações do sistema: $\begin{cases} x + 3y = 5 \\ 2x + 6y = 15 \end{cases}$

> **Repare que $2x + 6y$ é o dobro de $x + 3y$.**
> **Se $x + 3y = 5$, poderá $2x + 6y$ ser igual a 15?**

Ao resolver esse sistema pelo método da substituição, temos:

1ª equação

$x + 3y = 5$

$x = 5 - 3y$ — Substituir x por $(5 - 3y)$. →

2ª equação

$2x + 6y = 15$

$2(5 - 3y) + 6y = 15$

$10 - 6y + 6y = 15$

$-6y + 6y = 15 - 10$

equação impossível → $0y = 5$

Não existe nenhum número que multiplicado por zero resulte em 5. Como consequência, o sistema também não tem soluções. Trata-se de um **sistema impossível**.

> Um sistema é impossível quando não tem soluções.

2. Observe as equações do sistema: $\begin{cases} 2x + y = 1 \\ 4x + 2y = 2 \end{cases}$

> **Repare que as duas equações são equivalentes; portanto, o sistema é equivalente a uma delas.**

Ao resolver o sistema pelo método da substituição, temos:

1ª equação

$2x + y = 1$

$y = 1 - 2x$ — Substituir y por $(1 - 2x)$. →

2ª equação

$4x + 2y = 2$

$4x + 2(1 - 2x) = 2$

$4x + 2 - 4x = 2$

$4x - 4x = 2 - 2$

equação indeterminada → $0x = 0$

Qualquer número multiplicado por zero dá zero. Isso significa que essa equação tem uma infinidade de soluções. Como consequência, o sistema também tem uma infinidade de soluções. Trata-se de um **sistema indeterminado**.

> Um sistema é indeterminado quando tem infinitas soluções.

EXERCÍCIOS
COMPLEMENTARES

8. (UGF-RJ) Resolva os sistemas.

a) $\begin{cases} x + 2y = 7 \\ 4x - y = 10 \end{cases}$

b) $\begin{cases} 2x + 5y = 9 \\ 3x - 2y = 4 \end{cases}$

9. (Ufal) Resolva o sistema: $\begin{cases} x + 2y = 5 \\ 2x - y = 10 \end{cases}$

10. Resolva estes sistemas.

a) $\begin{cases} 4x = 2 + y \\ 3x + 2y = 7 \end{cases}$

b) $\begin{cases} 2x + y = 7 \\ 3x = 14 + 2y \end{cases}$

c) $\begin{cases} x = 9 - 3y \\ 3x + 2y = 6 \end{cases}$

d) $\begin{cases} y = 5 - x \\ y = 9 - 2x \end{cases}$

e) $\begin{cases} 5y - x = 5 \\ 2x - 4 = 3y \end{cases}$

f) $\begin{cases} x = -4 + 4y \\ 20 = -5x - 4y \end{cases}$

11. Resolva os sistemas a seguir.

a) $\begin{cases} x + y = 100 \\ 0,3x + 0,1y = 12 \end{cases}$

b) $\begin{cases} x - y = 11 \\ 0,5x - 0,2y = 4 \end{cases}$

12. Juntando 29 pacotes de açúcar, alguns com 5 quilos, outros com 1 quilo, podemos obter um total de 73 quilos. Quantos pacotes de cada tipo foram usados?

13. Em uma lanchonete há o seguinte anúncio:

OFERTA!
1 sanduíche + 2 sucos = R$ 5,00
2 sanduíches + 1 suco = R$ 7,00

a) Qual é o preço de 1 sanduíche?

b) Qual é o preço de 1 suco?

14. (Prominp) Na tabela abaixo, são apresentados os preços de custo e de venda de barras de chocolate de dois tamanhos diferentes.

CHOCOLATE	CUSTO (R$)	VENDA (R$)
Barra 50 g	0,70	1,20
Barra 100 g	1,20	2,00

Um comerciante gastou R$ 71,00 em barras de chocolate e lucrou R$ 49,00 com a venda delas. Lembrando-se que o lucro corresponde à diferença entre os preços de venda e de custo, quantas barras de 50 g esse comerciante comprou?

15. (Saeb-MEC) João e Pedro foram a um restaurante almoçar e a conta foi de R$ 28,00. A conta de Pedro foi o triplo do valor de seu companheiro. O sistema de equações do 1º grau que melhor traduz o problema é:

a) $\begin{cases} x + y = 28 \\ x - y = 7 \end{cases}$

b) $\begin{cases} x = y \\ x + 3y = 28 \end{cases}$

c) $\begin{cases} x = 3y \\ x + y = 28 \end{cases}$

d) $\begin{cases} x + y = 28 \\ x = y + 3 \end{cases}$

16. (Faap-SP) Pagou-se uma compra no valor de R$ 950,00 com notas de R$ 10,00 e R$ 50,00, num total de 47 notas. Quantas notas de cada espécie foram usadas no pagamento?

17. Observe os anúncios e responda às questões.

a) Qual é o preço de cada paçoca?

b) Qual é o preço de cada bombom?

EXERCÍCIOS

SELECIONADOS

18. (OMABC) Maria foi à feira e ao pesquisar os preços percebeu que, se comprasse duas dúzias de laranjas, duas dúzias de bananas e 1 dúzia de maçãs, gastaria R$ 13,00. Verificou ainda que se, em vez disso, comprasse três dúzias de laranjas, uma dúzia de bananas e duas dúzias de maçãs, gastaria R$ 17,50. Quanto Maria gastaria se comprasse oito dúzias de laranjas, quatro dúzias de bananas e cinco dúzias de maçãs?

a) R$ 48,00

b) R$ 49,50

c) R$ 50,00

d) R$ 53,50

e) R$ 54,00

19. (FGV-SP) Num pátio existem automóveis e bicicletas. O número total de rodas é 130 e o número de bicicletas é o triplo do número de automóveis. Então, o número total de veículos que se encontram no pátio é:

a) 42.

b) 50.

c) 52.

d) 54.

20. (FCC-SP) Coloquei na balança 6 pacotes de maisena e 5 pacotes de aveia. A balança marcou 3 quilos e meio. Depois, coloquei um só pacote de maisena e um só de aveia. A balança marcou 650 gramas. Agora, se eu colocar um só pacote de maisena, quantos gramas a balança vai marcar?

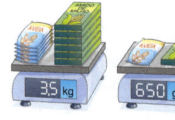

a) 250

b) 350

c) 300

d) 400

21. (Vunesp) Um clube promoveu um *show* de música popular brasileira ao qual compareceram 200 pessoas, entre sócios e não sócios. No total, o valor arrecadado foi R$ 1.400,00 e todas as pessoas pagaram ingresso. Sabendo-se que o preço do ingresso foi R$ 10,00 e que cada sócio pagou metade desse valor, o número de sócios presentes ao *show* é:

a) 80.

b) 100.

c) 120.

d) 140.

e) 160.

22. Qual dos sistemas a seguir é impossível? Qual é indeterminado?

a) $\begin{cases} x + y = 8 \\ 2x + y = 11 \end{cases}$

c) $\begin{cases} 4x - y = 5 \\ 2x - \dfrac{y}{2} = 3 \end{cases}$

b) $\begin{cases} 2x + 3y = 1 \\ 4x + 6y = 2 \end{cases}$

d) $\begin{cases} 3x - 2y = 1 \\ 2x - 3y = -1 \end{cases}$

23. Um lápis e um caderno custam R$ 11,50. Dois lápis e um caderno custam R$ 13,00. Quanto custa um desses lápis?

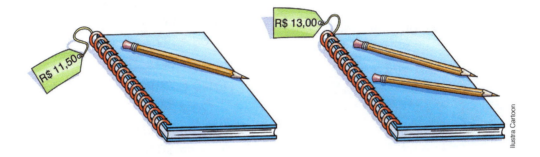

24. (Saresp) Com 48 palitos do mesmo tamanho eu montei 13 figuras: alguns triângulos e alguns quadrados. Quantos quadrados eu montei?

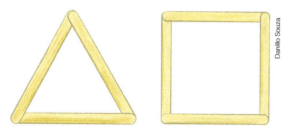

25. (Saresp) A soma das mesadas de Marta e João é R$ 200,00. No mês passado, Marta gastou R$ 70,00, e João gastou R$ 40,00 e, ao final do mês, estavam com as mesmas quantias. Qual é a mesada de Marta?

26. (Unip-SP) Eu e meu filho aniversariamos hoje e, no dia de hoje, a minha idade é o triplo da dele. Daqui a dois anos a soma de nossas idades será 56 (em anos). Quando meu filho nasceu eu tinha:

a) 30 anos.
b) 29 anos.
c) 28 anos.
d) 27 anos.
e) 26 anos.

27. (UEL-PR) Somando-se os $\dfrac{2}{3}$ de um número x com os $\dfrac{3}{5}$ de um número y, obtém-se 84. Se o número x é metade do número y, então a diferença $y - x$ é igual a:

a) 25.   b) 45.   c) 30.   d) 60.

PANORAMA

FAÇA AS ATIVIDADES A SEGUIR E REVEJA O QUE VOCÊ APRENDEU.

28. (Unip-SP) Se $\begin{cases} x + 2y = 8 \\ 2x - y = 6 \end{cases}$, então o valor de x^y é:

a) 1.   b) 4.   c) 9.   d) 16.

29. Se p e q são tais que $\begin{cases} q - p = 4 \\ p + q = 12 \end{cases}$, então $pq - 2$ vale:

a) 30.   b) 32.   c) 10.   d) 12.

30. Estas balanças estão em equilíbrio.

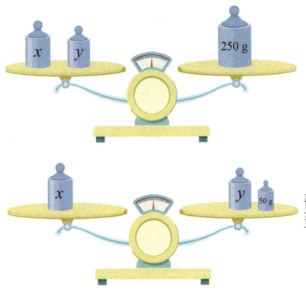

Então o valor de x é:

a) 150 g.   b) 100 g.   c) 200 g.   d) 250 g.

31. (Cesgranrio-RJ) Uma balança fica equilibrada tendo, num prato, um cilindro e três cubos e, no outro, dois cilindros e dois cubos mais 20 g.

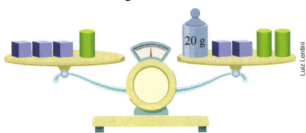

Se os cubos e os cilindros têm, no total, 500 g, pode-se afirmar que a massa de um cubo, em gramas, é:

a) 70.   b) 60.   c) 40.   d) 50.

32. A soma de dois números é 1 297 e a diferença entre o maior e o dobro do menor é 106. Esses números são:

a) 397 e 900.   c) 300 e 987.
b) 497 e 800.   d) 297 e 1000.

33. Uma fábrica produziu 360 peças de tecido, umas de 20 m e outras de 30 m. O total foi de 9 600 m. Quantas peças de cada tecido foram produzidas?

a) 168 e 192
b) 216 e 144
c) 140 e 220
d) 120 e 240

34. (Cesgranrio-RJ) Numa carpintaria, empilham-se 50 tábuas, umas de 2 cm e outras de 5 cm de espessura. A altura da pilha é de 154 cm. A diferença entre o número de tábuas de cada espessura é:

a) 14.
b) 16.
c) 18.
d) 25.

35. (Vunesp) Roberto tem, no momento, R$ 200,00 em cédulas de R$ 10,00 e de R$ 5,00. A quantidade de cédulas de R$ 10,00 equivale a $\frac{3}{4}$ da quantidade de cédulas de R$ 5,00. A quantidade de cédulas de R$ 10,00 que Roberto possui é:

a) 10.
b) 12.
c) 16.
d) 18.

36. (Fuvest-SP) Um copo cheio de água pesa 325 g. Se jogarmos metade da água fora, seu peso cai para 180 gramas. O peso do copo vazio é:

a) 25 g.
b) 40 g.
c) 35 g.
d) 45 g.

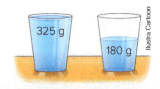

37. O par ordenado (0; 3) é solução de qual sistema?

a) $\begin{cases} x + y = 4 \\ 5x - y = 2 \end{cases}$

b) $\begin{cases} x + y = -3 \\ 5x + 2y = -6 \end{cases}$

c) $\begin{cases} \dfrac{x}{5} + \dfrac{y}{3} = 1 \\ 2x + y = 3 \end{cases}$

d) $\begin{cases} x + y = -2 \\ 2x - y = 5 \end{cases}$

38. Assinale a alternativa que apresenta um sistema indeterminado.

a) $\begin{cases} x - y = 4 \\ x + y = 10 \end{cases}$

b) $\begin{cases} 2x + 3y = -10 \\ x + \dfrac{3y}{2} = -5 \end{cases}$

c) $\begin{cases} 4x - y = -3 \\ \dfrac{x}{4} - y = -3 \end{cases}$

d) $\begin{cases} 3x - 2y = 0 \\ 4x - y = 5 \end{cases}$

39. (Enem) Uma barraca de tiro ao alvo de um parque de diversões dará um prêmio de R$ 20,00 ao participante, cada vez que ele acertar o alvo. Por outro lado, cada vez que ele errar o alvo, deverá pagar R$ 10,00. Não há cobrança inicial para participar do jogo. Um participante deu 80 tiros, e, ao final, recebeu R$ 100,00. Qual foi o número de vezes que esse participante acertou o alvo?

a) 30   b) 36   c) 50   d) 60   e) 64

40. (UERJ) Jorge quer distribuir entre seus filhos os ingressos ganhos para um *show*. Se cada um de seus filhos ganhar 4 ingressos, sobrarão 5 ingressos; se cada um ganhar 6 ingressos, ficarão faltando 5 ingressos. Podemos concluir que Jorge ganhou o número total de ingressos correspondente a:

a) 15   b) 25   c) 29   d) 34

41. (Enem) Uma companhia de seguros levantou dados sobre os carros de determinada cidade e constatou que são roubados, em média, 150 carros por ano. O número de carros roubados da marca X é o dobro do número de carros roubados da marca Y, e as marcas X e Y juntas respondem por cerca de 60% dos carros roubados. O número esperado de carros roubados da marca Y é:

a) 20   c) 40   e) 60
b) 30   d) 50

42. No sistema $\begin{cases} x + y = 4 \\ x - 3y = -4 \end{cases}$, podemos afirmar que:

a) $x = y$ c) $x = 2y$
b) $x = 8$ e $y = 4$ d) $x = 4$ e $y = 0$

43. Em certa loja, se comprarmos 3 camisetas iguais e 1 calça gastaremos o mesmo que comprando 1 camiseta e 2 calças. Uma calça e uma camiseta custam juntas R$ 165,00. O preço de uma calça é:

a) R$ 55,00.
b) R$ 105,00.
c) R$ 110,00.
d) R$ 120,00.

44. (UERJ) Em um restaurante há 12 mesas, todas ocupadas. Algumas, por 4 pessoas; outras, por apenas 2 pessoas, num total de 38 fregueses. O número de mesas ocupadas por apenas 2 pessoas é:

a) 4   c) 6
b) 5   d) 7

45. Sobre os valores de x e de y que satisfazem as equações do sistema $\begin{cases} 3x + 2y = 5 \\ \dfrac{x}{2} - \dfrac{y}{3} = \dfrac{5}{6} \end{cases}$ é correto afirmar que:

a) $x = y$ c) $x \cdot y = 1$
b) $x > y$ d) $\dfrac{x}{y} = 1$

103

CAPÍTULO 12
Probabilidade

Princípio multiplicativo

Acompanhe com atenção os exemplos a seguir.

1. O time de futebol de salão de uma turma de 7º ano tem calções de duas cores diferentes e três modelos de camisa. De quantas maneiras distintas é possível montar o uniforme com calção e camisa?

   Uma tabela pode nos ajudar a descobrir.

   Há 6 opções diferentes de uniforme. Observe que são 2 possibilidades de escolha para o calção e 3 para a camisa. O produto 2 · 3 = 6 nos dá o total de possibilidades.

2. Observe o cartaz de uma escola de idiomas.

   Há quantas possibilidades de escolha para matricular-se em um dos cursos considerando os dois períodos?

   Para representar e contar as possíveis escolhas, utilizaremos um diagrama conhecido como diagrama de árvore. Veja:

   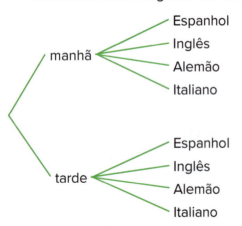

   Observe que, fazendo 2 · 4 = 8, obtemos o total de possibilidades.

   Nesses dois exemplos vimos que, quando as escolhas são independentes (uma não depende da outra), podemos aplicar a multiplicação para determinar o número total de possibilidades. Utilizamos o que se chama, em Matemática, de **princípio multiplicativo**.

   São 8 possibilidades diferentes de escolha para um período e um curso.

3. Quantos números de três algarismos diferentes podemos formar usando somente os algarismos 1, 3, 5 e 7?

- Temos **4 possibilidades** para escolher o primeiro algarismo: pode ser 1, 3, 5 ou 7.
- Para o segundo algarismo só teremos **3 possibilidades**, pois um dos números já foi escolhido e não podemos repetir algarismos.
- Para o terceiro algarismo, restam **2 possibilidades**, pois dois dos quatro algarismos já foram utilizados.

$$4 \cdot 3 \cdot 2 = 24$$

Podemos formar 24 números de três algarismos distintos.

EXERCÍCIOS DE FIXAÇÃO

1. O cardápio de um restaurante oferece 3 tipos de salada, 4 tipos de prato principal e 2 opções de sobremesa. De quantas maneiras diferentes um cliente pode escolher uma salada, um prato principal e uma sobremesa?

2. Três cidades, A, B e C, são ligadas por rodovias como mostra a ilustração.

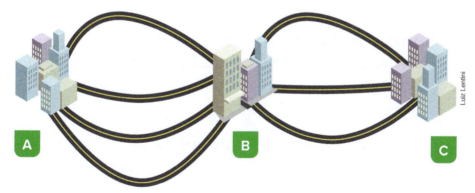

Uma pessoa que deseja viajar da cidade A até a cidade C passando pela cidade B tem quantas possibilidades diferentes de percurso?

3. Represente, em um diagrama de árvore, os possíveis resultados para o lançamento de 3 moedas. Quantas são as possibilidades?

4. No lançamento de um dado comum e de uma moeda, quantos são os resultados possíveis?

5. Usando somente os algarismos 5, 6, 7 e 8, quantos números de 4 algarismos podemos formar? E quantos números de 4 algarismos distintos podemos formar?

6. Uma senha deve ser formada por duas vogais e três algarismos escolhidos entre 1, 2, 3, 4 e 5. Quantas senhas diferentes são possíveis?

Probabilidades

Relembrando...

Ao lançarmos um dado comum, o resultado pode ser 1, 2, 3, 4, 5 ou 6.

Dizemos que esse conjunto de números é o **espaço amostral** desse evento (lançar um dado comum).

> Espaço amostral é o conjunto de todos os resultados possíveis de um experimento.

- Qual é a probabilidade de, no lançamento de um dado, obtermos como resultado **um número maior do que 4**?

  Queremos obter 5 ou 6.

  São 6 possibilidades no total e somente 2 são favoráveis.

$$\text{probabilidade} = \frac{\text{número de possibilidades favoráveis}}{\text{número total de possibilidades}} = \frac{2}{6} = \frac{1}{3}$$

Há uma chance em três de obter um número maior do que 4 no lançamento de um dado.

- E qual é a chance de obter um número **menor ou igual a 4** no lançamento de um dado?

  Queremos obter 4, 3, 2 ou 1.

  São 6 possibilidades no total e 4 são favoráveis.

$$\text{probabilidade} = \frac{4}{6} = \frac{2}{3}$$

Os eventos examinados são chamados **eventos complementares**.

Dizemos que esses eventos são mutuamente exclusivos: ou ocorre um deles ou ocorre o outro.

Ou o número obtido no dado é maior do que 4 ou é menor ou igual a 4.

A soma das probabilidades obtidas é $\frac{2}{3} + \frac{1}{3} = 1$.

Veja outros exemplos simples de eventos complementares.

A. No lançamento de uma moeda os eventos $\boxed{\text{obter cara}}$ $\boxed{\text{obter coroa}}$ são complementares.

$P_{\text{obter cara}} = \frac{1}{2}$

$P_{\text{obter coroa}} = \frac{1}{2}$

$\frac{1}{2} + \frac{1}{2} = 1.$

B. Em uma urna há 3 bolas brancas e 2 bolas pretas. Ao retirar uma bola da urna sem olhar, temos:

$P_{\text{branca}} = \frac{3}{5}$

$P_{\text{preta}} = \frac{2}{5}$

$\frac{3}{5} + \frac{2}{5} = \frac{5}{5} = 1.$

Os eventos são complementares.

EXERCÍCIOS
DE FIXAÇÃO

7. Uma urna contém bolinhas numeradas de 1 até 50. Ao retirar uma bolinha ao acaso, qual é a probabilidade de a bolinha ser um número:

a) par?

b) múltiplo de 10?

c) divisor de 20?

d) menor do que 15?

e) maior do que 50?

8. Esta tabela mostra o número de alunos matriculados em um colégio.

Ano do EFII	Número de alunos
6º ano	120
7º ano	100
8º ano	160
9º ano	120

Um *notebook* será sorteado entre esses alunos. Qual é a probabilidade de o aluno sorteado:

a) ser do 8º ano?

b) ser do 6º ou do 7º ano?

Apresente a resposta na forma de porcentagem.

9. Temos um baralho comum com 54 cartas, das quais 4 são ases. Retirando uma carta ao acaso, qual é a probabilidade de a carta não ser um ás?

10. Jogamos um dado comum e uma moeda. Escreva o espaço amostral desse experimento e calcule a probabilidade de obtermos:

a) um número par e face cara;

b) 5 e face cara;

c) um número maior do que 4 e face coroa.

11. Lançamos 3 moedas. Escreva o espaço amostral desse evento e calcule a probabilidade de obtermos:

a) três coroas;

b) duas caras e uma coroa;

c) pelo menos duas coroas.

EXERCÍCIOS

COMPLEMENTARES

12. (Epcar-Afa) Um jogo é decidido com um único lançamento do dado cuja planificação está representada ao lado.

Participam desse jogo quatro pessoas: Carlos, que vencerá o jogo se ocorrer face preta ou menor que 3; José vencerá se ocorrer face branca e número primo; Vicente vencerá caso ocorra face preta e número par; Antônio vencerá se ocorrer face branca ou número menor que 3.

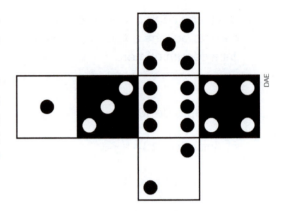

Nessas condições, é correto afirmar que:

a) Vicente não tem chance de vencer.

b) Carlos tem, sozinho, a maior probabilidade de vencer.

c) a probabilidade de José vencer é o dobro da de Vicente.

d) a probabilidade de Antônio vencer é maior do que a de Carlos.

13. Lançamos dois dados e somamos os pontos obtidos. Copie e complete a tabela que apresenta o espaço amostral desse evento e calcule a probabilidade de obter:

	1	2	3	4	5	6
1	2	3	4	5	6	7
2						
3						
4						
5						
6						

a) soma 7;

b) soma 1;

c) soma maior do que 1;

d) soma 12;

e) soma menor do que 6.

14. Renato tem em uma gaveta 3 pares de meias pretas e 9 pares de meias brancas. Ele vai retirar um par de meias da gaveta sem olhar.

a) Qual é a probabilidade, em porcentagem, de o par de meias retirado ser:
- da cor preta?
- da cor branca?

b) Os eventos descritos no item acima são complementares? Por quê?

PANORAMA

FAÇA AS ATIVIDADES A SEGUIR E REVEJA O QUE VOCÊ APRENDEU.

NO CADERNO

15. De quantas maneiras diferentes pode-se combinar em um traje 2 pares de sapatos, 4 paletós e 6 calças diferentes usando sempre uma calça, um paletó e um par de sapatos?

a) 52   b) 86   c) 24   d) 32   e) 48

16. Quantos números de dois algarismos distintos podemos formar usando os dígitos 2, 3, 5, 7 e 9?

a) 5   b) 10   c) 15   d) 20   e) 25

17. Em certo país, as placas dos automóveis são formadas por 2 vogais diferentes e 3 algarismos diferentes. Quantas são as possibilidades de placas nesse país?

a) 25 000   c) 14 400
b) 20 000   d) 7 200

18. Para fazer arranjos com 6 rosas embrulhadas em papel de seda e colocadas em uma caixa, Daniel tem 3 cores diferentes de rosa, 5 cores de papel de seda e 4 formatos de caixa. Quantos arranjos diferentes ele pode fazer?

a) 15   b) 30   c) 60   d) 80

19. Um grupo é formado por 15 alunos do 8º ano e 25 alunos do 9º ano. Se um aluno for sorteado ao acaso, a chance de ele ser do 8º ano é de:

a) 1 em 8.   c) 3 em 8.
b) 2 em 8.   d) 5 em 8.

20. (PUC-RJ) Sejam os conjuntos $A = \{1, 2, 3, 4, 5\}$ e $B = \{6, 7, 8, 9, 10\}$. Escolhendo-se ao acaso um elemento de A e um elemento de B, a probabilidade de que a soma dos dois números escolhidos seja um número par é:

a) $\frac{1}{2}$.   c) $\frac{12}{25}$.   e) $\frac{7}{10}$.

b) $\frac{3}{5}$.   d) $\frac{6}{25}$.

21. (Fuvest-SP) Escolhido ao acaso um elemento do conjunto dos divisores positivos de 60, a probabilidade de que ele seja primo é:

a) $\frac{1}{2}$.   b) $\frac{1}{3}$.   c) $\frac{1}{4}$.   d) $\frac{1}{5}$.   e) $\frac{1}{6}$.

22. Renato e Anita escreveram as letras da palavra CIRCUNFERÊNCIA em cartões iguais. Colocaram em um saquinho para depois sortearem uma letra sem olhar. É correto dizer que:

a) a letra F e a letra I têm a mesma chance de sair.

b) a probabilidade de retirar a letra C é maior do que a de retirar a letra I.

c) a probabilidade de retirar uma consoante é $\frac{1}{2}$.

d) as letras R e F têm chances iguais de serem retiradas.

e) a probabilidade de retirar a letra C é $\frac{3}{13}$.

23. Considere todos os números de dois algarismos formados com os algarismos 5, 6 e 7. Escolhendo um deles ao acaso, a probabilidade de ser um número par é:

a) $\frac{2}{9}$.   b) $\frac{1}{9}$.   c) $\frac{1}{3}$.   d) $\frac{2}{3}$.

24. (UPE-SSA) Uma urna contém 18 bolas vermelhas, 12 amarelas e 20 brancas, sendo todas idênticas. Quantas bolas brancas devem ser retiradas dessa urna, de modo que, ao sortear uma bola, a probabilidade de ela ser branca seja igual a $\frac{1}{6}$?

a) 16   b) 15   c) 14   d) 13   e) 12

CAPÍTULO 13
Estatística

Gráficos de barras e gráficos de setores

O **gráfico de barras** é indicado para situações em que seja importante comparar dados entre si.

Este gráfico ilustra o número de celulares vendidos por uma loja no 1º semestre de certo ano.

O gráfico possibilita visualizar os dados rapidamente e perceber, por exemplo, que:

- as vendas cresceram de janeiro até abril e o número de celulares vendidos em abril foi o maior do período;
- houve queda nas vendas de abril para maio e de maio para junho.

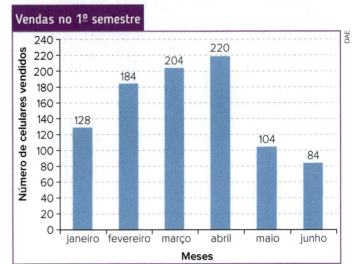

Fonte: Loja Super.

Um gráfico deve apresentar um título adequado que evidencie o assunto tratado, eixos nomeados e a fonte dos dados.

Observe que o eixo vertical foi graduado a partir do zero, com marcas espaçadas, de 20 em 20 unidades. As barras têm todas a mesma largura e estão igualmente espaçadas.

O **gráfico de setores** facilita comparar as partes com o todo.

O gráfico ao lado mostra a distribuição dos alunos de certo colégio matriculados nos ensinos Infantil, Fundamental e Médio.

O círculo está dividido em regiões chamadas **setores circulares**. A divisão do círculo é feita de maneira proporcional ao número de alunos matriculados. Observe: 120 + 240 + 140 = 500 alunos matriculados.

Nos quadros abaixo, mostramos a porcentagem e o ângulo central correspondente a cada setor do gráfico.

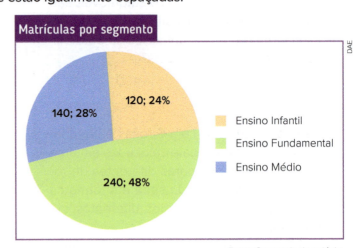

Fonte: Secretaria do colégio.

Ensino Infantil

$\frac{120}{500} = \frac{12}{50} = \frac{24}{100} = 24\%$

24% de 360° = 0,24 · 360° =
= 86,4° ≅ 86°

Ensino Fundamental

$\frac{240}{500} = \frac{24}{50} = \frac{48}{100} = 48\%$

48% de 360° = 0,48 · 360° =
= 172,8° ≅ 173°

Ensino Médio

$\frac{140}{500} = \frac{14}{50} = \frac{28}{100} = 28\%$

28% de 360° = 0,28 · 360° =
= 100,8° ≅ 101°

Gráficos de linhas

O **gráfico de linhas** é adequado para representar dados que variam ao longo de um período.

O gráfico ao lado mostra as temperaturas anotadas por um aluno de 8º ano durante uma semana, sempre no mesmo local e horário. Observe que o gráfico facilita observar a variação dos dados, identificando períodos em que houve aumento e em que houve queda de temperatura.

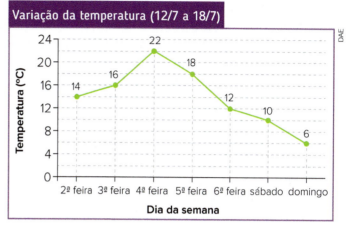

Dados coletados por André Dias do 8º ano A.

- A temperatura cresceu de segunda-feira até quarta-feira, atingindo o máximo de 22 °C na quarta-feira.
- De quinta-feira a domingo a temperatura decresceu, chegando ao valor mínimo de 6 °C no domingo.

Observe que, também nos gráficos de linhas, é preciso nomear os eixos e escolher um título adequado ao assunto de que ele trata. A fonte dos dados deve ser colocada.

 AQUI TEM MAIS

O gráfico abaixo traz números importantes do Instituto Brasileiro de Geografia e Estatística (IBGE) sobre o analfabetismo no Brasil de 2007 a 2015. Os institutos de pesquisa utilizam gráficos de linhas para ilustrar de modo eficiente o crescimento ou decrescimento de dados ao longo do tempo.

Observação: os dados de 2010 não constam do gráfico na sua fonte.

Fonte: <www.ibge.gov.br>. Acesso em: jul. 2019.

> O IBGE é um órgão oficial vinculado ao Ministério da Economia que recolhe e organiza dados e informações sobre o Brasil, como: população, trabalho, emprego, economia, educação, saneamento básico etc. Os dados fornecidos pelo IBGE ajudam a traçar um panorama do país, possibilitando identificar problemas e adotar ações para combatê-los.

É possível observar que, em quase todo o período, a taxa de analfabetismo decresceu. Entre 2011 e 2012, aumentou levemente, mas voltou a diminuir a partir desse ano.

Pictogramas

Pictograma é o gráfico em que se utilizam símbolos ou figuras que têm ligação com o assunto estudado. Observando a tabela abaixo, podemos concluir que no sábado ocorreu a maior venda de pães, isto é, o maior número de pães vendidos, porque 8 · 50 = 400.

Venda diária de pães	
segunda-feira	🍞🍞🍞🍞🍞◗
terça-feira	🍞🍞🍞🍞
quarta-feira	🍞🍞🍞🍞🍞🍞
quinta-feira	🍞🍞🍞
sexta-feira	🍞🍞🍞🍞◗
sábado	🍞🍞🍞🍞🍞🍞🍞🍞
domingo	🍞🍞🍞🍞🍞🍞🍞

Legenda

 = 50 pães

! CURIOSO É...

Chama-se pictograma um desenho que representa um objeto, uma mensagem ou uma ação. No gráfico acima, o pictograma escolhido foi um pãozinho para se adequar aos dados que o gráfico ilustra. Um pictograma eficiente deve ser visualizado e compreendido por todos.

Vemos pictogramas em muitas situações:

↑ Sinaliza a travessia de pedestres.

↑ Mostra a direção da saída.

↑ Símbolo Internacional de Acesso (SIA): demarca vagas de estacionamento para pessoas com deficiência, por exemplo.

↑ Indica a proibição de fumar no local.

Veja ao lado pictogramas que representam alguns esportes.

↑ Judô.   ↑ Tênis em cadeira de rodas.   ↑ Voleibol paralímpico.

EXERCÍCIOS
DE FIXAÇÃO

1. Utilizando papel quadriculado e régua, elabore um gráfico de linhas para representar os dados da tabela a seguir, feita pela bibliotecária da Escola Aprender. Lembre-se de colocar todos os elementos do gráfico: título, nomes dos eixos, fonte e escala no eixo vertical. Terminado o gráfico, responda às questões abaixo.

Frequência de alunos à biblioteca – 3/8 a 9/8	
Dia da semana	Frequência
segunda-feira	25
terça-feira	30
quarta-feira	40
quinta-feira	35
sexta-feira	20

a) Quantos alunos no total visitaram a biblioteca nessa semana?

b) Em qual dia da semana a frequência foi maior?

c) A partir de quarta-feira a frequência de alunos cresceu ou decresceu?

d) Em qual dia da semana a frequência foi menor?

e) Qual foi a frequência média de alunos por dia nessa semana?

2. (Vunesp) Num curso de Inglês, a distribuição das idades dos alunos é dada pelo gráfico seguinte.

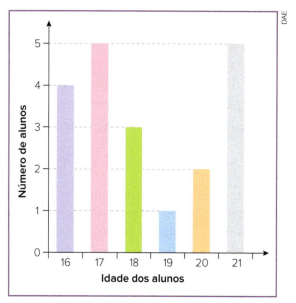

Com base nos dados do gráfico, determine:

a) o número total de alunos do curso;

b) o número de alunos com no mínimo 19 anos.

3. O número de revistas de cada participante de um grupo de colecionadores está representado neste pictograma:

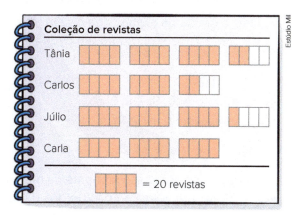

a) Quem possui a menor quantidade de revistas? Quantas revistas formam sua coleção?

b) Quem possui a maior quantidade de revistas? Quantas revistas formam sua coleção?

c) Quantas revistas faltam a Carlos para que ele tenha a mesma quantidade que Tânia?

113

Média e amplitude

Vamos relembrar como calcular médias aritméticas simples e médias aritméticas ponderadas por meio de exemplos.

1. Renato usou uma balança para determinar a massa de 4 caixas que enviará pelo correio.

Qual é a massa média das caixas?

Neste caso, calcularemos a média aritmética simples, fazendo:

$$M = \frac{1{,}2 + 0{,}8 + 1{,}8 + 1{,}4}{4} = \frac{5{,}2}{4} = 1{,}3 \text{ kg}$$

A média expressa qual seria a massa de cada caixa se a soma das massas pudesse ser igualmente dividida entre as 4 caixas. Por isso ela geralmente não coincide com um dos valores do conjunto de dados, como ocorreu nesse exemplo.

2. O dono de uma quitanda comprou 40 kg de batatas por R$ 5,20 o quilograma e outros 60 kg do mesmo tipo de batatas por R$ 4,50 o quilograma. Qual é o preço médio do quilograma de batata?

Utilizaremos uma média aritmética ponderada. Veja:

$$M = \frac{40 \cdot 5{,}20 + 60 \cdot 4{,}50}{100} = \frac{208 + 270}{100} = \frac{478}{100} = 4{,}78$$

40 kg + 60 kg = 100 kg

> São 40 kg de batatas com um preço e 60 kg com outro preço: é preciso multiplicar cada preço pelo número de quilogramas e dividir pelo total de quilogramas.

O preço médio do quilograma de batata é R$ 4,78.

Vamos relacionar o valor da média à amplitude de um conjunto de dados por meio de um problema:

3. Dois candidatos a uma vaga de emprego passaram por 5 avaliações no processo de seleção da empresa, recebendo nota em cada uma delas.

Candidato A: 6, 8, 7, 8, 6
Candidato B: 3, 10, 10, 9, 3

Média do candidato A: $\frac{6 + 8 + 7 + 8 + 6}{5} = 7$

Média do candidato B: $\frac{3 + 10 + 10 + 9 + 3}{5} = 7$

Uma análise com base somente na média indicaria que os dois candidatos têm o mesmo desempenho. Agora veja a amplitude dos dados para cada um:

Candidato A = 8 − 6 = 2
Candidato B = 10 − 3 = 7

> **Amplitude** é a diferença entre o maior e o menor valor de uma série de dados.

Uma amplitude menor pode indicar uma variação menor nos dados, o que de fato acontece nesse caso. Observe como as notas do candidato A estão mais próximas da média. O desempenho do candidato A é mais regular. Isso pode ser importante para o avaliador.

EXERCÍCIOS DE FIXAÇÃO

4. Em um concurso de canto, Janaína recebeu as seguintes notas dos 3 jurados: 845 pontos, 876 pontos e 829 pontos. A candidata que está liderando o concurso obteve média 849,5.

a) Qual é a média de pontos de Janaína?

b) Ela conseguiu assumir a liderança do concurso?

5. A massa média de 5 pacotes de feijão é 1,2 kg. Se 4 desses pacotes têm, juntos, massa de 4,6 kg, qual é a massa do quinto pacote?

6. Em certo bimestre, Daniel obteve nota 7 na prova mensal e nota 8,5 na prova bimestral. Se, no cálculo da média, a prova mensal tem peso 1 e a prova bimestral tem peso 2, qual foi a média bimestral de Daniel?

7. Comprei 80 coxinhas e 40 empadinhas para um lanche comunitário na escola. O preço por unidade de coxinha foi R$ 1,50 e de empadinha R$ 1,80. Qual é o preço médio de cada salgadinho?

8. Certo jogador de basquete obteve as seguintes pontuações em 8 jogos de um campeonato: 12, 12, 14, 12, 12, 38, 12, 12.

a) Calcule a amplitude dos dados e a média de pontos por partida.

b) Por que na maior parte dos jogos a pontuação ficou abaixo da média? Que valor entre os dados foi responsável por isso?

9. A tabela abaixo mostra os valores dos salários recebidos pelos 10 funcionários de um escritório.

Número de funcionários	Salário
3	R$ 1.200,00
5	R$ 2.100,00
1	R$ 4.500,00
1	R$ 7.600,00

a) Calcule o salário médio dos funcionários desse escritório.

b) Quantos funcionários recebem salário abaixo da média?

c) A média neste caso reflete a realidade dos salários? Calcule a amplitude dos dados e justifique sua resposta.

10. Em uma classe com 20 meninos e 30 meninas, foi realizada uma prova. A média dos meninos foi 8, e a das meninas, 7. Qual foi a média da classe?

Moda e mediana num conjunto de dados

Além da amplitude e da média, há outras medidas estatísticas que ajudam a analisar um conjunto de dados, como a moda e a mediana dos valores.

Moda

Usando fita métrica, Daniel mediu e registrou a altura de 8 colegas em centímetros:

| 160 | 157 | 158 | 160 | 162 | 155 | 158 | 160 |

A altura que aparece mais vezes entre as oito é 160 cm. São três colegas.

Assim, 160 é a **moda** desse conjunto de dados.

> Moda é o valor que ocorre com maior frequência num conjunto de dados.

Se tomarmos o conjunto das letras da palavra ABACAXI, a moda será a letra A, pois é a letra que mais aparece.

Um conjunto de dados pode ter mais de um valor de moda e pode não ter moda. Veja exemplos:

A. A tabela abaixo apresenta as temperaturas máximas registradas em certa cidade num período de 5 dias. Observe que não há moda.

| 12 °C |
| 11 °C |
| 8 °C |
| 13 °C |
| 14 °C |

B. O professor de Educação Física anotou os tempos de 8 alunos numa corrida de 400 m.

| 18 s | 20 s | 18 s | 19 s | 21 s | 22 s | 20 s | 17 s |

Neste exemplo, os valores 18 s e 20 s aparecem duas vezes cada um. O conjunto de dados tem duas modas: 18 s e 20 s.

Mediana

Vamos colocar as temperaturas do **exemplo A** acima em ordem crescente:

8 °C, 11 °C, 12 °C, 13 °C, 14 °C

A temperatura de 12 °C ocupa a **posição central** desse conjunto de dados.

Esse número é a **mediana** do conjunto.

Se o conjunto de dados tiver um número par de elementos, a mediana é determinada pela média aritmética dos dois termos centrais, com os dados escritos em ordem crescente.

No **exemplo B** acima: 17 s, 18 s, 18 s, 19 s, 20 s, 20 s, 21 s, 22 s

$$\text{Mediana} = \frac{19 + 20}{2} = 19{,}5 \text{ s}$$

> Mediana de um conjunto de dados colocados em ordem crescente é o valor que ocupa a posição central. Se o conjunto tiver um número par de elementos, teremos dois valores centrais, e a mediana será a média aritmética desses valores.

EXERCÍCIOS DE FIXAÇÃO

11. Qual é a moda do conjunto de letras da palavra JABUTICABA?
- Faz sentido falar em amplitude e em média nesse conjunto?

12. Um professor registrou, em seu diário, as notas de seus 15 alunos. São elas:

5 , 5 , 8 , 3 , 4 , 10 , 7 , 3 , 8 , 2 , 6 , 9 , 2 , 8 , 10

a) Qual é a moda? b) Qual é a mediana? c) Qual é a média?

13. Os 8 alunos de uma turma tiraram as seguintes notas na prova de Geografia:

10 , 4 , 8 , 4 , 9 , 6 , 10 , 7

a) Qual é a moda? b) Qual é a mediana? c) Qual é a média?

14. Determine a média, a moda e a mediana desta sequência de massas em gramas de pacotes de farinha de rosca: 497, 498, 498, 499, 500, 500, 500, 500, 501, 501, 502, 504. O que ocorreu com os valores encontrados?

15. A mediana do conjunto de valores anotados nos cartões a seguir é 5,9. Qual valor falta na sequência?

5,6   5,6   5,8   ___   6,2

16. (Saresp) A tabela abaixo apresenta o salário semanal, em reais, de 20 funcionários de uma empresa.

Salário (em reais)	Frequência
90	1
100	4
105	5
110	6
115	3
120	1

↑ Trabalhadores em uma indústria metalúrgica.

Qual é a moda dessa distribuição?

17. Indique o valor de x sabendo que o conjunto de dados 4, x, 2, 3 tem:
a) moda = 3;
b) média = 2,8;
c) mediana = 2,5.

18. Quatro números têm como média exatamente 13. Qual é a soma desses números?

EXERCÍCIOS COMPLEMENTARES

19. Em um elevador com capacidade máxima para 450 kg entraram 5 pessoas. Veja nesta tabela a massa em quilogramas dessas pessoas.

Nome	Massa
Aldo	65 kg
Mateus	90 kg
Tiago	72 kg
Lúcia	59 kg
Flávia	65 kg

a) Qual é a massa média das pessoas que entraram no elevador?

b) Outra pessoa poderia entrar no elevador? Em caso de resposta positiva, quantos quilogramas, no máximo, ela poderia ter?

20. O quadro abaixo mostra o número de pontos de 2 equipes de basquete durante 8 jogos.

| A | 67 | 93 | 78 | 51 | 76 | 89 | 102 | 76 |
| B | 94 | 41 | 64 | 103 | 94 | 76 | 80 | 56 |

Responda:

a) Qual é a moda de A?
b) Qual é a moda de B?
c) Qual é a mediana de A?
d) Qual é a mediana de B?
e) Qual é a média de A?
f) Qual é a média de B?

21. A média das idades de meus 4 irmãos é 10 anos, mas a média das idades de todos nós é 11. Quantos anos eu tenho?

22. Em uma chácara há 700 árvores frutíferas distribuídas conforme indica o gráfico a seguir. Quais são as quantidades de laranjeiras e de mangueiras?

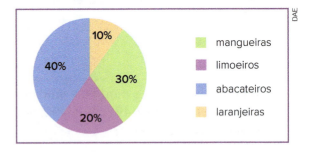

23. O pictograma mostra o número de latinhas de refrigerante vendidas numa lanchonete durante uma semana.

Venda diária de latinhas de refrigerante
segunda-feira
terça-feira
quarta-feira
quinta-feira
sexta-feira
sábado

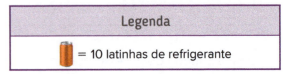

Legenda: 🥫 = 10 latinhas de refrigerante

a) Em qual dia a lanchonete esteve fechada?
b) Quantas latinhas de refrigerante foram vendidas na sexta-feira?
c) Se cada latinha custa R$ 1,80, qual foi o valor semanal arrecadado na venda de refrigerante?

EXERCÍCIOS SELECIONADOS

24. (Saresp) O gráfico abaixo ilustra a evolução da produção nacional de certo produto, em milhares de toneladas, no período indicado.

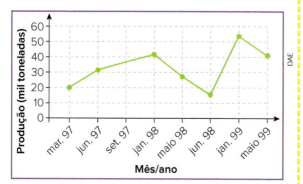

Pela análise do gráfico, é correto afirmar que a produção:

a) cresceu entre os meses de junho de 1998 a maio de 1999.

b) permaneceu estável de junho de 1997 a janeiro de 1998.

c) máxima, de aproximadamente 30 mil toneladas, ocorreu em janeiro de 1999.

d) mínima, de aproximadamente 15 mil toneladas, ocorreu em junho de 1998.

25. (Enem) No gráfico estão representados os gols marcados e os gols sofridos por uma equipe de futebol nas dez primeiras partidas de um determinado campeonato.

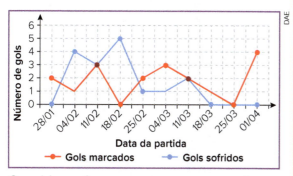

Considerando que, nesse campeonato, as equipes ganham 3 pontos para cada vitória, 1 ponto por empate e 0 ponto em caso de derrota, a equipe em questão, ao final da décima partida, terá acumulado um número de pontos igual a:

a) 15.   b) 17.   c) 18.   d) 20.

26. (CPII-RJ) Abaixo estão dois gráficos relacionados ao consumo de energia elétrica na casa do senhor Alexandre, nos meses de julho a setembro de 2004. A partir dos gráficos, responda às perguntas.

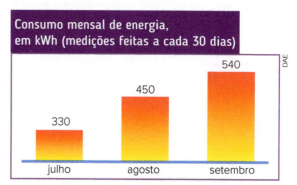

a) Qual é a diferença entre o consumo da TV em setembro e em julho, em kWh?

b) Qual foi a energia consumida, em média, a cada hora de setembro de 2004?

27. (FCC-SP) O gráfico abaixo indica o número total de alunos de uma escola em quatro anos.

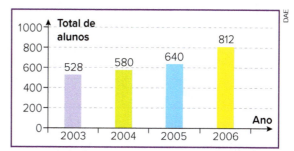

Se a escola tem como meta para o ano seguinte ampliar 50% o número de alunos em relação à média dos últimos quatro anos, a escola terá em 2007, caso atinja a meta, um total de alunos igual a:

a) 890.   b) 960.   c) 1020.   d) 1218.

PANORAMA

FAÇA AS ATIVIDADES A SEGUIR E REVEJA O QUE VOCÊ APRENDEU.

28. (Enem) O dono de uma farmácia resolveu colocar à vista do público o gráfico mostrado a seguir, que apresenta a evolução do total de vendas (em reais) de certo medicamento ao longo do ano de 2011.

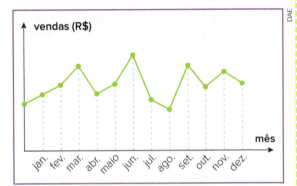

De acordo com o gráfico, os meses em que ocorreram, respectivamente, a maior e a menor venda absolutas em 2011 foram:

a) março e abril.
b) março e agosto.
c) agosto e setembro.
d) junho e setembro.
e) junho e agosto.

29. (Vunesp) Num 6º ano os alunos estão distribuídos, por idade, conforme a tabela:

Idade em anos	Número de alunos
10	9
11	23
12	2
13	2
14	1

A idade média dos alunos da classe é:

a) 10 anos.
b) 11 anos.
c) 12 anos.
d) 13 anos.

30. (UEL-PR) A média aritmética de 5 números é 8,5. Se a um desses números acrescentarmos 2 unidades, a média aritmética passará a ser:

a) 8,3.
b) 8,6.
c) 8,7.
d) 8,9.

31. (PUC-SP) A média aritmética de um conjunto de 12 números é 9. Se os números 10, 15 e 20 forem retirados do conjunto, a média aritmética dos restantes é:

a) 7.
b) 10.
c) 12.
d) 15.

32. (UFU-MG) Comprei 5 doces a R$ 1,80 cada um, 3 doces a R$ 1,50 e 2 doces a R$ 2,50 cada. O preço médio, por doce, foi:

a) R$ 1,75.
b) R$ 1,85.
c) R$ 1,93.
d) R$ 2,00.

33. (Unirio-RJ) Para ser aprovado, um aluno precisa ter média maior ou igual a 5. Se ele obteve notas 3 e 6 nas provas parciais (que têm peso 1 cada uma), quanto precisa tirar na prova final (que tem peso 2) para ser aprovado?

a) 4
b) 5
c) 4,5
d) 5,5

34. (Fuvest) Numa população, a razão do número de mulheres para o número de homens é de 11 para 10. A idade média das mulheres é 34 e a idade média dos homens é 32. Então, a idade média da população é aproximadamente:

a) 32,90.
b) 32,95.
c) 33,05.
d) 33,10.

35. (Saresp) Em uma prova de Matemática realizada pelos 40 alunos de uma turma, as notas foram números inteiros de 1 a 10. O gráfico de barras abaixo mostra a frequência das notas:

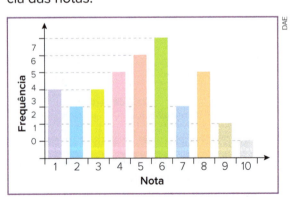

Os alunos que tiraram nota menor que 6 são:

a) 45% da turma.
b) 50% da turma.
c) 55% da turma.
d) 60% da turma.

120

O gráfico a seguir refere-se às questões de números 36, 37 e 38.

Veja os resultados de uma pesquisa feita com um grupo de alunos sobre o número de idas à biblioteca durante um mês.

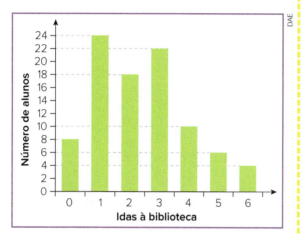

36. A pesquisa foi feita com:

a) 48 alunos.   c) 86 alunos.
b) 92 alunos.   d) 220 alunos.

37. A média dessa distribuição é aproximadamente:

a) 1,4.   b) 1,6.   c) 1,8.   d) 2,4.

38. A porcentagem de alunos que não foi à biblioteca é:

a) 8%.   b) 7%.   c) 8,7%.   d) 16%.

39. (Fuvest-SP) A distribuição das idades dos alunos de uma classe é dada pelo seguinte gráfico:

Qual das alternativas representa melhor a média de idade dos alunos?

a) 17 anos e 1 mês
b) 17 anos e 5 meses
c) 18 anos e 6 meses
d) 16 anos e 10 meses

40. (Saresp) Um professor classificou seus 40 alunos em 5 grupos, de acordo com a nota obtida em uma prova de Matemática. O gráfico abaixo mostra o número de alunos classificados em cada grupo.

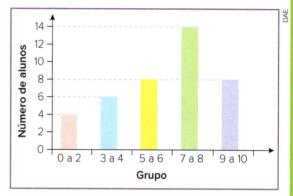

A nota do aluno classificado em 20º lugar na prova ficou entre:

a) 3 e 4.   c) 7 e 8.
b) 5 e 6.   d) 9 e 10.

41. (Saresp) Numa determinada cidade, pesquisou-se durante um ano a ocorrência do número de casos de certa doença, encontrando-se os dados representados no gráfico abaixo.

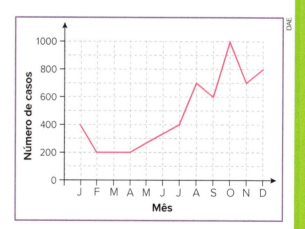

É verdade que:

a) o total de casos registrados no 2º semestre foi de 4 000.
b) no último trimestre, o número de casos registrados foi de 2 500.
c) a maior variação entre dois meses consecutivos ocorreu de agosto a setembro.
d) os períodos de crescimento e os períodos de decrescimento do número de casos registrados foram sempre crescentes.

CAPÍTULO 14
Proporcionalidade

Grandezas diretamente proporcionais e grandezas inversamente proporcionais

A. O cartaz a seguir apresenta o preço de cada 100 g de queijo ralado.

Observe na tabela os preços a pagar por algumas quantidades desse queijo:

Massa	Preço
50 g	R$ 2,00
100 g	R$ 4,00
200 g	R$ 8,00
300 g	R$ 12,00
etc.	

Quando dobramos a massa de queijo comprado, o preço também dobra.

Quando triplicamos a massa, o preço também triplica, e assim por diante.

A massa de queijo e o preço pago são **grandezas diretamente proporcionais**.

A **razão** entre as grandezas preço e massa **é constante**:

$$\frac{2}{50} = \frac{4}{100} = \frac{8}{200} = \frac{12}{300} = 0{,}04$$

Conhecendo essa relação, podemos determinar o valor de uma das grandezas a partir do valor dado da outra. Veja exemplos:

- Qual é o preço de 130 g desse queijo?

Massa (g)	Preço (R$)
100	4
130	x

$\dfrac{100}{130} = \dfrac{4}{x}$

$100x = 4 \cdot 130$

$100x = 520$

$x = 5{,}2$

Também podemos armar a proporção assim:

$\dfrac{100}{4} = \dfrac{130}{x}$

$100x = 520$

$x = 5{,}2$

Resposta: 130 g desse queijo custam R$ 5,20.

- Quantos gramas desse queijo pode-se comprar com R$ 10,80?

Massa (g)	Preço (R$)
100	4
x	10,80

$\dfrac{100}{x} = \dfrac{4}{10{,}80}$

$4x = 1080$

$x = 270$

Resposta: Com R$ 10,80 podem ser comprados 270 g desse queijo.

B. Para imprimir certo número de cópias, uma máquina leva 4 h. O que ocorre com o tempo de impressão se forem utilizadas mais máquinas iguais a essa?

Veja a tabela:

Número de máquinas	Tempo
1	4 h
2	2 h
4	1 h
8	0,5 h
etc.	

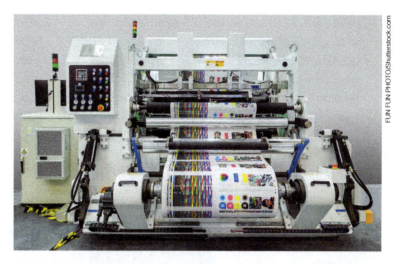

Quando dobramos o número de máquinas, o tempo cai pela metade. Quando quadruplicamos o número de máquinas, o tempo cai pela quarta parte, e assim por diante.

O número de máquinas e o tempo de impressão são **grandezas inversamente proporcionais**.

O **produto** das grandezas é constante:

$$1 \cdot 4 = 2 \cdot 2 = 4 \cdot 1 = 8 \cdot 0,5 = 4$$

Conhecendo a relação entre essas grandezas, podemos resolver problemas como os seguintes.

- Em quanto tempo 3 máquinas desse tipo imprimirão o mesmo número de cópias?

Número de máquinas	Tempo em horas
1	4
3	x

$3 \cdot x = 4 \cdot 1$

$3x = 4$

$x = \dfrac{4}{3}$

$\dfrac{4}{3}$ de hora é igual a $\dfrac{4}{3}$ de 60 minutos, ou seja, 80 minutos

Também poderíamos calcular diretamente o tempo em minutos, lembrando que
4 h = 240 min
$3x = 240$
$x = 80$ min

Resposta: As 3 máquinas imprimem o mesmo número de cópias em 80 minutos.

- Quantas máquinas desse tipo devem trabalhar simultaneamente para produzir o mesmo número de cópias em 40 minutos?

Número de máquinas	Tempo
1	4 h = 240 min
x	40

$40 \cdot x = 240 \cdot 1$

$40x = 240$

$x = 6$

Resposta: Para produzir o mesmo número de cópias em 40 minutos, 6 máquinas devem trabalhar ao mesmo tempo.

EXERCÍCIOS
DE FIXAÇÃO

1. (IFSul-RS) Para se fabricar 20 camisas iguais são necessários 30 metros de um certo tecido. Quantos metros do mesmo tecido serão necessários para fabricar 50 camisas iguais às citadas?

   a) 45
   b) 55
   c) 65
   d) 75

2. Paguei R$ 13,09 por 850 g de queijo prato. Qual é o preço do quilograma desse queijo?

3. Um serralheiro cortou uma barra de metal em pedaços de 42 cm de comprimento cada um, obtendo 15 pedaços. Se cortasse essa mesma barra em pedaços com 70 cm de comprimento, quantos pedaços obteria?

4. (Ifal) Um técnico em edificações percebe que necessita de 9 pedreiros para construir uma casa em 20 dias. Trabalhando com a mesma eficiência, quantos pedreiros são necessários para construir uma casa do mesmo tipo em 12 dias?

   a) 6
   b) 12
   c) 15
   d) 18
   e) 21

5. A tabela abaixo apresenta valores das grandezas x e y. Considerando esses valores, as grandezas são diretamente ou inversamente proporcionais? Justifique.

x	y
0,5	8
5	0,8
10	0,4
50	0,08

6. (Enem) Uma televisão pode ser posicionada de modo que se consiga enxergar os detalhes de uma imagem em alta definição. Considere que a distância ideal, com conforto visual, para se assistir à televisão de 32 polegadas é de 1,8 metro. Suponha que haja uma relação de proporcionalidade direta entre o tamanho da tela (medido em polegada) e a distância ideal. Considere que um espectador dispõe de uma televisão de 60 polegadas e que ele deseja se posicionar em frente a ela com conforto visual.

   A distância da televisão, em metro, em que o espectador deve se posicionar para que tenha conforto visual é mais próxima de:

   a) 0,33.
   b) 0,96.
   c) 1,57.
   d) 3,37.
   e) 3,60.

7. (UFRJ) O painel de um automóvel indica o consumo médio de combustível da seguinte forma: **12,5 L / 100 km**. Determine quantos quilômetros esse automóvel percorre, em média, com 1 litro desse combustível.

8. Viajando a velocidade constante, um trem percorre 294 km em três horas e meia. Quantos quilômetros percorrerá em cinco horas?

9. Um criador tem 24 filhotes de cães e ração suficiente para alimentá-los por 27 dias. Hoje foram vendidos 6 filhotes. Para quantos dias a quantidade de ração será suficiente para alimentar os filhotes que restaram?

Relação algébrica entre grandezas proporcionais

Vimos que, se duas grandezas são:

- diretamente proporcionais, a razão entre elas é constante;
- inversamente proporcionais, o produto delas é constante.

Podemos expressar essas relações por meio da álgebra. Veja a seguir.

Diretamente proporcionais

grandezas: x e y

constante: k

sentença algébrica: $\dfrac{y}{x} = k$ ou $y = k \cdot x$

Inversamente proporcionais

grandezas: x e y

constante: k

sentença algébrica: $x \cdot y = k$ ou $y = \dfrac{k}{x}$

A constante que representamos por k é chamada **constante de proporcionalidade**.

Vamos ver exemplos de grandezas proporcionais e determinar a constante de proporcionalidade em cada caso.

A. As grandezas x e y são diretamente proporcionais:

x	y
2	6
4	12
8	24

A razão $\dfrac{y}{x}$ é constante:

$$\frac{6}{2} = \frac{12}{4} = \frac{24}{8} = 3$$

$k = 3$ é a constante de proporcionalidade

$\dfrac{y}{x} = 3$, ou seja, $y = 3x$

B. As grandezas x e y são inversamente proporcionais:

x	y
2	3
4	1,5
10	0,6

O produto $x \cdot y$ é constante:

$$2 \cdot 3 = 4 \cdot 1,5 = 10 \cdot 0,6 = 6$$

$k = 6$ é a constante de proporcionalidade

$x \cdot y = 6$, ou seja, $y = \dfrac{6}{x}$

Escrevemos as relações algébricas entre as grandezas em cada caso.

Usando essas relações, podemos encontrar y, dado o valor de x, e vice-versa.

Se $x = 5$,
temos $y = 3 \cdot 5 = 15$.

Se $y = 27$,
temos $27 = 3x$ e $x = 9$.

Se $x = 12$,

temos $y = \dfrac{6}{12} = 0,5$.

Se $y = 24$,

temos $24 = \dfrac{6}{x} \longrightarrow 24x = 6 \longrightarrow x = 0,25$.

AQUI TEM MAIS

Você já ouviu falar em densidade ou sabe o que é? A densidade de um corpo é determinada pela razão entre a massa do corpo e o volume que ele ocupa.

$$\text{densidade} = \frac{\text{massa}}{\text{volume}}$$

A densidade de cada material é constante. Por exemplo, a densidade do ferro é 7,87 g/cm³, enquanto a do gesso comum é 2,32 g/cm³.

Como a densidade de um mesmo material é constante, concluímos que as grandezas massa e volume desse material são diretamente proporcionais: se dobramos a massa, o volume dobra; se triplicamos a massa, o volume triplica, e assim por diante. A densidade do material é a constante de proporcionalidade.

Interpretando:

7,87 g/cm³ significa que um cubo maciço de ferro com aresta de 1 cm tem massa de 7,87 g.

Já o cubo maciço de gesso com 1 cm de aresta tem massa de 2,32 g.

Logo, o ferro é mais denso que o gesso.

↑ Peça de ferro maciço.

← Peça de gesso.

EXERCÍCIOS DE FIXAÇÃO

10. As grandezas x e y se relacionam por meio da expressão $y = 4x$.

a) As grandezas x e y são diretamente ou inversamente proporcionais?

b) Qual é a constante de proporcionalidade?

c) Se $x = 2,5$, qual é o valor de y?

d) Se $y = 20$, qual é o valor de x?

11. As grandezas p e t se relacionam por meio da expressão $t = \dfrac{1}{p}$.

a) As grandezas t e p são diretamente ou inversamente proporcionais?

b) Qual é a constante de proporcionalidade?

c) Se $p = 4$, qual é o valor de t?

d) Se $t = \dfrac{1}{6}$, qual é o valor de p?

12. Observe a tabela que mostra a velocidade de um trem e o tempo de viagem entre duas cidades:

Velocidade	30 km/h	60 km/h	90 km/h
Tempo	6 h	3 h	2 h

a) As grandezas velocidade e tempo são diretamente ou inversamente proporcionais?

b) Qual é a constante de proporcionalidade?

c) Qual é a distância entre essas duas cidades?

EXERCÍCIOS
COMPLEMENTARES

13. Duas torneiras completamente abertas enchem um tanque em 1 hora. Quantas torneiras iguais a essas encheriam o mesmo tanque em 24 minutos?

14. Num banho de 15 minutos com o chuveiro aberto, gastam-se 135 L de água. Uma pessoa que reduz o tempo de um banho diário de 15 minutos para 8 minutos economiza quantos litros de água em 30 dias?

15. (CPII-RJ) Santos Dumont projetou o 14-bis com um único lugar, no qual o piloto ficava em pé. Atualmente, existem aviões que transportam, além da tripulação, centenas de passageiros acomodados em assentos.

Uma companhia aérea encomendou um avião para viagens de longa distância, e solicitou que o projeto da cabina de passageiros apresentasse três classes de assentos: primeira, executiva e econômica. As áreas ocupadas por esses tipos de assentos devem atender ao seguinte critério: dois assentos da classe econômica equivalem a um assento da executiva e cinco assentos da classe executiva correspondem a quatro assentos da primeira classe.

↑ Santos Dumont no 14-bis.
Em 12 de novembro de 1906, o brasileiro Alberto Santos Dumont fez um voo de 220 m em Paris, estabelecendo o recorde de distância percorrida por um aeroplano na época.

Nessas condições, quinze assentos da classe econômica equivalem a N assentos da primeira classe. O valor de N é:

a) 5.
b) 6.
c) 9.
d) 10.
e) 12.

16. (Enem) Um confeiteiro deseja fazer um bolo cuja receita indica a utilização de açúcar e farinha de trigo em quantidades fornecidas em gramas. Ele sabe que uma determinada xícara utilizada para medir os ingredientes comporta 120 gramas de farinha de trigo e que três dessas xícaras de açúcar correspondem, em gramas, a quatro de farinha de trigo. Quantos gramas de açúcar cabem em uma dessas xícaras?

a) 30
b) 40
c) 90
d) 160
e) 360

17. Um pacote de biscoitos com 6 unidades tem massa de 75 g. O rótulo do produto indica que a porção de 30 g tem 150 kcal (quilocalorias). Com base nessas informações, responda:

a) Quem consome todos os biscoitos do pacote ingere quantas kcal?
b) Quantas kcal há em cada biscoito?
c) Uma porção de 125 g de alface tem 10 kcal. A quantidade de kcal de dois biscoitos como esses do pacote equivale ao consumo de quantas porções de alface?

EXERCÍCIOS SELECIONADOS

18. (UEPB) De acordo com o quadro, o número de canecas que enchem o balde é:

O balde cheio enche 3 garrafas.

Oito canecas enchem 1 garrafa e 1 balde.

a) 6.
b) 5.
c) 3.
d) 7.
e) 4.

19. (Uerj) Na imagem da etiqueta, informa-se o valor a ser pago por 0,256 kg de peito de peru.

O valor, em reais, de um quilograma desse produto é igual a:

a) 25,60.
b) 32,75.
c) 40,00.
d) 50,00.

20. (Cefet-RJ) Um pequeno mercado oferece a promoção *leve 5 e pague 4*, indicando que, por 5 unidades de um produto, o cliente pagaria apenas o preço referente a 4 unidades. Uma unidade do produto custa R$ 10,25 e Celso decide aproveitar a promoção levando 5 unidades.

a) Quantos reais a menos Celso pagou por cada unidade que levou?

b) Se a promoção fosse "Na compra de 5 produtos iguais, receba um desconto de x% no preço de cada unidade do produto", quanto valeria x para que a promoção fosse equivalente à promoção original do enunciado?

21. Uma receita de doce leva 8 ovos para 6 xícaras de açúcar. Adriano só tem 3 ovos para fazer esse doce. Quantas xícaras de açúcar ele deve utilizar?

22. Uma torneira aberta enche uma caixa-d'água em 6 horas. Outra torneira leva 4 horas para encher essa mesma caixa-d'água. Abrindo ambas as torneiras, em quanto tempo a caixa-d'água ficará cheia?

23. (IFSul-RS) Médicos recomendam o consumo moderado de refrigerante, visto a quantidade elevada de açúcares presente nesse tipo de bebida. Observe os dados nutricionais de uma lata de refrigerante, conforme representado em tabela abaixo.

Informações nutricionais para porção de 350 mL (2 copos)		
Quantidade por porção		Valor diário %
valor energético	149 kcal = 624 kJ	7
açúcares	37 g	12
sódio	18 mg	1

Considerando os dados da tabela, a quantidade aproximada de açúcares, em gramas, presente em 1 litro desse refrigerante, é:

a) 105,7.
b) 109,5.
c) 117,3.
d) 157,1.

24. (Cefet-MG) Uma determinada receita de pão leva uma xícara e meia de chá de farinha de trigo. Para medir esse ingrediente, dispõe-se apenas de uma colher de sopa. Considere que uma xícara de chá de farinha de trigo equivale a 168 gramas e uma colher de sopa, a 12 gramas.

O número de colheres de sopa de farinha necessário para fazer essa receita é:

a) 15.
b) 18.
c) 19.
d) 21.

PANORAMA

FAÇA AS ATIVIDADES A SEGUIR E REVEJA O QUE VOCÊ APRENDEU.

NO CADERNO

25. (Obmep) João fez uma viagem de ida e volta entre Pirajuba e Quixajuba em seu carro que pode rodar com álcool e com gasolina. Na ida, apenas com álcool no tanque, seu carro fez 12 km por litro e na volta, apenas com gasolina no tanque, fez 15 km por litro. No total, João gastou 18 litros de combustível nessa viagem. Qual é a distância entre Pirajuba e Quixajuba?

a) 60 km   c) 120 km   e) 180 km
b) 96 km   d) 150 km

26. (Cefet-MG) No quadro abaixo, são apresentados os ingredientes para o preparo de um bolo que serve exatamente 8 pessoas.

Ingredientes	Quantidade
ovos	3 unidades
margarina ou manteiga	50 g
açúcar	150 g
farinha de trigo	200 g
leite	200 mL
fermento	50 g

Uma pessoa decidiu usar essa receita e preparar um bolo para 37 pessoas e, para isso, aumentou proporcionalmente os ingredientes para conseguir a quantidade desejada. A farinha de sua preferência é vendida apenas em pacotes de 150 g.

A quantidade mínima de pacotes dessa farinha necessários para o preparo desse bolo é:

a) 5.   b) 6.   c) 7.   d) 8.

27. (IFSP) Um agricultor alimenta suas vacas com ração. Com 800 kg de ração, ele alimenta certa quantidade de vacas por 25 dias. Assinale a alternativa que apresenta o número de dias que essa mesma quantidade de vacas serão alimentadas, considerando que, desta vez, ele as alimentará com 640 kg de ração.

a) 18 dias   c) 20 dias   e) 22 dias
b) 19 dias   d) 21 dias

28. (Ifal) Uma editora utiliza 3 máquinas para produzir 1 800 livros num certo período. Quantas máquinas serão necessárias para produzir 5 400 livros no mesmo período?

a) 5   b) 6   c) 7   d) 8   e) 9

29. (IFBA) Um produtor de cinema faz um documentário sobre os mistérios da natureza composto por 60 curtas-metragens de 8 minutos cada. Se ele resolvesse utilizar curtas-metragens com duração de 3 minutos, o número de curtas-metragens que comporiam o documentário seria de:

a) 23.   c) 90.   e) 260.
b) 60.   d) 160.

30. (Obmep) Daniela fez uma tabela mostrando a quantidade de água que gastava em algumas de suas atividades domésticas.

Atividade	Consumo	Frequência
lavar roupa	150 litros por lavagem	1 vez ao dia
tomar um banho de 15 minutos	90 litros por banho	1 vez ao dia
lavar o carro com mangueira	100 litros por lavagem	1 vez na semana

Para economizar água, ela reduziu a lavagem de roupa a 3 vezes por semana, o banho diário a 5 minutos e a lavagem semanal do carro a apenas um balde de 10 litros. Quantos litros de água ela passou a economizar por semana?

a) 1 010   c) 1 210   e) 1 310
b) 1 110   d) 1 211

31. Duas torneiras jogam água em um reservatório, uma na razão de 1 m^3 a cada 2 horas e a outra na razão de 1 m^3 a cada 5 horas. Se o reservatório tem 14 m^3, em quantas horas ele estará cheio?

a) 10   c) 14   e) 28
b) 12   d) 20

CAPÍTULO 15
Porcentagens

Cálculo da taxa percentual

Leia a manchete ilustrada ao lado:

Qual foi a porcentagem do aumento no valor das passagens de ônibus nessa cidade?

Temos um aumento de R$ 0,20 em um preço inicial de R$ 5,00.

Queremos saber quantos por cento 0,20 representa de 5,00.

Para isso, basta determinarmos a razão entre parte e todo:

$$\frac{0,2}{5} = \frac{2}{50} = \frac{4}{100} = 4\%$$

O aumento foi de 4%.

Porcentagens são razões com consequente igual a 100:

$$30\% = \frac{30}{100} = 0,3$$

$$7\% = \frac{7}{100} = 0,07$$

e assim por diante.

Usamos a ideia de frações equivalentes para determinar a taxa percentual do aumento no valor das passagens.

Quando o consequente da razão for um divisor de uma potência de base 10, as frações equivalentes possibilitam economizar cálculos.

Acompanhe mais um exemplo.

- Um açougue anunciou um desconto no preço do quilograma de carne moída.

De quantos por cento foi o desconto?

Temos um desconto de R$ 5,00 num preço inicial de R$ 25,60.

Quantos por cento 5 representa em 25,6?

Basta calcular a razão entre 5 e 25,60:

$$\frac{5}{25,6} = 5 : 25,6 \cong 0,1953 \cong 20\%$$

Confira na calculadora!

O desconto foi de aproximadamente 20%.

Neste exemplo, não usamos frações equivalentes. Fizemos a divisão. O resultado foi arredondado, o que é comum em situações reais.

EXERCÍCIOS DE FIXAÇÃO

1. Relembre, com os exemplos a seguir, como calcular porcentagem usando diferentes estratégias.

   A. 12% de R$ 450,00
   - 12% = $\frac{12}{100}$ = 0,12 → 0,12 · 450 = 54
   - 10% de 450 = 45 e 1% de 450 = 4,5
   Então, 12% de 450 = 45 + 2 · 4,5 = 54.

   > 12% de R$ 450,00 = R$ 54,00

   B. 70% de um grupo de 5 200 pessoas
   - 70% = $\frac{70}{100}$ = 0,7 → 0,7 · 5 200 = 3 640
   - 50% de 5 200 = 5 200 : 2 = 2 600 e 10% de 5 200 = 520
   Então, 70% de 5 200 = 2 600 + 2 · 520 = 3 640.

   > 70% de 5 200 pessoas são 3 640 pessoas

   C. 8,5% de R$ 18,00
   - 8,5% = $\frac{8,5}{100}$ = 0,085 → 0,085 · 18 = 1,53
   - 1% de 18 = 0,18 e 0,5% de 18 = 0,18 : 2 = 0,09
   Então, 8,5% de 18 = 8 · 0,18 + 0,09 = 1,53.

   > 8,5% de R$ 18,00 = R$ 1,53

   Agora calcule você:
   a) 30% de R$ 90,00
   b) 15% de 200 kg
   c) 21% de R$ 250,00
   d) 6% de R$ 12,00
   e) 11,5% de 800 mL
   f) 10,2% de R$ 680,00

2. Em uma cidade com 800 mil habitantes, o serviço social estima que 8% da população resida em domicílios inadequados. Quantas pessoas vivem em domicílios inadequados nessa cidade?

3. Dos R$ 4.200,00 que recebe mensalmente de salário, Alfredo gasta R$ 1.008,00 com o pagamento de aluguel. Que porcentagem do salário ele reserva para essa despesa?

4. (Enem) Considere que as médias finais dos alunos de um curso foram representadas no gráfico a seguir.

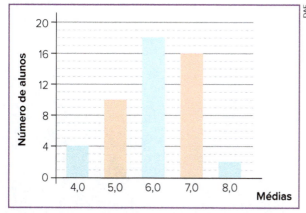

   Sabendo que a média para aprovação nesse curso era maior ou igual a 6,0, qual foi a porcentagem de alunos aprovados?
   a) 18%
   b) 21%
   c) 36%
   d) 50%
   e) 72%

5. Observando sua conta de energia elétrica, André percebeu que, dos R$ 135,00 do valor total a ser pago, R$ 22,00 são referentes a impostos como o ICMS. Esse valor corresponde aproximadamente a quantos por cento do valor da conta?

Mais problemas que envolvem porcentagens

As porcentagens são usadas em situações variadas. Vamos resolver problemas relacionados à preservação do meio ambiente que envolvem porcentagens.

Da parte para o todo

A Mata Atlântica é uma das florestas mais ricas em espécies da flora e da fauna no mundo. Em 2019, a área dessa floresta era de 162 000 km², o que correspondia a, aproximadamente, 12% da área original.

- Qual era a área original da Mata Atlântica?

Para descobrir, consideraremos a área inicial (12%) para obter a área total (100%).

12% ⟶ 162 000 km²

1% ⟶ 162 000 : 12 = 13 500 km²

100% 13 500 · 100 = 1 350 000 km²

Resposta: Originalmente, a Mata Atlântica ocupava uma área de 1 350 000 km².

↑ O desmatamento atingiu de forma significativa a Mata Atlântica até as últimas décadas do século XX. Há vários programas, atualmente, que visam reduzir o desmatamento e reflorestar áreas desse bioma.

Decréscimos/descontos – cálculo direto

O desmatamento na Mata Atlântica caiu aproximadamente 9% entre outubro de 2017 e outubro de 2018 em relação ao período anterior (2016-2017).

- Se em 2016-2017 foram desmatados 125 km², qual foi a área desmatada no período 2017-2018?

Houve um decréscimo de 9%. Portanto, a área desmatada no período de 1 ano foi igual a:

100% − 9% = 91% de 125 km²

91% de 125 km² = 0,91 · 125 km² = 113,75 km² ≅ 114 km²

Resposta: A área desmatada no período foi de 114 km².

- Se de 2018 para 2019 houvesse queda de 15% no desmatamento, qual seria a área desmatada?

A área desmatada seria de 85% de 114 km², pois 100% − 15% = 85%.

85% de 114 = 0,85 · 114 = 96,9 km²

Resposta: A área desmatada seria de 96,9 km².

> Espera-se que o desmatamento fique próximo de zero no menor tempo possível. E esses dados são animadores, pois, há cerca de 30 anos, a área desmatada por ano chegou a ser dez vezes maior.

→ Bromélias da Mata Atlântica em troncos de palmeira no Parque Nacional Serra dos Órgãos, Teresópolis (RJ), 2013.

Acréscimos/aumentos – cálculo direto

As **florestas plantadas** são compostas predominantemente de árvores semeadas pelo ser humano, cultivadas com enfoque econômico, como o eucalipto para a produção de papel, ou com o objetivo de preservar os recursos naturais, no caso de reflorestamento.

Segundo o Instituto Brasileiro de Geografia e Estatística (IBGE), o Brasil tem cerca de 10 000 km² de florestas plantadas. Um projeto do Ministério da Agricultura pretende aumentar essa área em 20% até 2030.

Suponha que, até 2025, a área de florestas plantadas aumente 12%.

- Quantos quilômetros de florestas plantadas haverá naquele ano?

Nesse caso, temos um acréscimo de 12% à área total já plantada.

100% + 12% = 112%

Vamos calcular 112% de 10 000 km².

$112\% = \dfrac{112}{100} = 1{,}12$

112% de 10 000 km² = 1,12 · 10 000 km² = 11 200 km²

Resposta: Em 2025, a área de florestas plantadas será de 11 200 km².

EXERCÍCIOS

DE FIXAÇÃO

6. Em 2018, a cidade de Salvador tinha, em números redondos, 3 000 000 de habitantes, o que correspondia a 20% da população do estado da Bahia. Qual era a população aproximada da Bahia nesse ano?

7. O proprietário de um sítio com 30 000 m² pretende vendê-lo. O metro quadrado de terra na região da propriedade vale cerca de R$ 25,00. Para facilitar a venda, ele decidiu oferecer um desconto de 8% sobre esse preço. Quanto ele vai pedir pela propriedade?

↑ A cidade de Salvador é a capital da Bahia.

8. O Brasil é grande produtor e exportador de grãos, como soja e milho. De acordo com dados do Ministério da Agricultura, a safra de grãos da temporada 2017/2018 foi de aproximadamente 228 milhões de toneladas. Na temporada 2018/2019, a produção aumentou 4,2%. Quantas toneladas de grãos foram produzidas na temporada 2018/2019?

9. O preço de um produto que custava R$ 100,00 aumentou 12%; mais tarde, o preço com aumento foi reduzido em 10%. Qual é o preço atual do produto?

↑ Colheitadeiras em um plantio de soja.

- No final, houve acréscimo ou decréscimo no preço em relação ao original? De quantos por cento?

133

EXERCÍCIOS
COMPLEMENTARES

10. Regina comprou uma saia que custava R$ 120,00 com um desconto de 15%. Quanto pagou pela saia?

11. Num curso de informática, 6 alunos tinham mais de 40 anos, o que correspondia a 24% do total de alunos. Quantos alunos o curso tinha no total?

12. Depois de um aumento de 4%, as passagens de ônibus em certa cidade passaram a custar R$ 4,68. Qual era o preço da passagem antes do aumento?

13. (Enem) Num dia de tempestade, a alteração na profundidade de um rio, num determinado local, foi registrada durante um período de 4 horas. Os resultados estão indicados no gráfico de linhas. Nele, a profundidade h, registrada às 13 horas, não foi anotada e, a partir de h, cada unidade sobre o eixo vertical representa um metro.

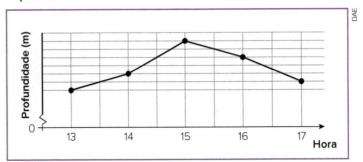

Foi informado que entre 15 horas e 16 horas, a profundidade do rio diminuiu em 10%.
Às 16 horas, qual é a profundidade do rio, em metro, no local onde foram feitos os registros?

a) 18   b) 20   c) 24   d) 36   e) 40

14. (IFSP) Pesquisas sobre reciclagem mostram que cerca de 40% de material plástico utilizado pode ser reaproveitado para a produção de resinas plásticas.
Estima-se que, no Brasil, pelo menos 2,2 milhões de toneladas de plástico, descartados após o uso, se acumulam anualmente. Então, pelo menos x mil toneladas de plástico por ano podem ser reaproveitadas. O valor de x é:

a) 160.   b) 220.   c) 320.   d) 440.   e) 880.

15. Mariana ganha 20% a mais do que Rui. Se Mariana tiver um aumento de 5%, quantos por cento ganhará a mais do que Rui?

PANORAMA

FAÇA AS ATIVIDADES A SEGUIR E REVEJA O QUE VOCÊ APRENDEU.

NO CADERNO

16. O gerente de uma loja instruiu seus vendedores a multiplicar o preço de cada mercadoria por 0,93. Isso significa que os clientes terão:
    a) um desconto de 93% nos preços.
    b) um acréscimo de 93% nos preços.
    c) um desconto de 7% nos preços.
    d) um acréscimo de 7% nos preços.

17. (Enem) Em uma determinada cidade, o preço da gasolina por litro era de R$ 2,75 e baixou para R$ 2,20. Nesse contexto, o preço da gasolina foi reduzido em:
    a) 15%.
    b) 17%.
    c) 18%.
    d) 20%.
    e) 25%.

18. Se Adriano tem 14 anos, qual é a idade da mãe?
    a) 28 anos
    b) 38 anos
    c) 40 anos
    d) 42 anos

    MINHA IDADE É IGUAL A 35% DA IDADE DE MINHA MÃE.

19. (Ceeteps-SP) Na Estatística da Produção Agrícola, publicada em outubro de 2013, pelo Instituto Brasileiro de Geografia e Estatística (IBGE), a estimativa para a safra nacional de cereais, leguminosas e oleaginosas de 2013 era cerca de 187 milhões de toneladas, valor superior à safra obtida em 2012, que foi de 162 milhões de toneladas aproximadamente. Em relação à safra de 2012, a estimativa para a safra nacional de cereais, leguminosas e oleaginosas de 2013 teve um aumento percentual aproximado de:
    a) 13,3%.
    b) 14,7%.
    c) 15,4%.
    d) 16,5%.
    e) 17,6%.

20. (IFBA) Bartola tem certa quantia financeira. Ele aplicou num investimento de risco, perdeu 20% deste valor e resolveu retirar a aplicação. Reaplicou o valor retirado em outro investimento que garantiu-lhe um ganho de 20%. Após estas operações financeiras, podemos afirmar, com relação à quantia financeira que Bartola tinha antes das transações, que ele:
    a) ganhou 4%.
    b) ganhou 2%.
    c) perdeu 2%.
    d) perdeu 4%.
    e) não ganhou nem perdeu dinheiro.

21. (Cesgranrio-RJ)

    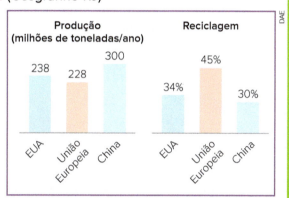

    Revista *Veja*: Edição Especial Sustentabilidade. São Paulo: Abril, ano 44, ed. 2249, n. 52, 28 dez. 2011. p. 23. (Adaptado.)

    Os gráficos acima apresentam dados sobre a produção e a reciclagem de lixo em algumas regiões do planeta. Baseando-se nos dados apresentados, qual é, em milhões de toneladas, a diferença entre as quantidades de lixo recicladas na China e nos EUA em um ano?
    a) 9,08
    b) 10,92
    c) 12,60
    d) 21,68
    e) 24,80

22. (FGV-SP) De acordo com matéria da revista *The Economist* divulgada em 2014, o Brasil tem o quinto Big Mac mais caro do mundo, ao preço de US$ 5,86. A mesma matéria aponta o preço do Big Mac nos EUA (US$ 4,80) como o décimo quarto mais caro do mundo. Se usássemos o preço do Big Mac nos EUA (em US$) como referência de preço, então o preço do Big Mac no Brasil (em US$) supera o dos EUA em, aproximadamente:
    a) 22%.
    b) 18%.
    c) 16%.
    d) 12%.
    e) 6%.

135

CAPÍTULO 16
Congruência de triângulos

Figuras congruentes

A ideia de igualdade é intuitiva. Quando afirmamos que dois carros são iguais, queremos dizer que ambos têm as mesmas medidas, o mesmo formato, a mesma cor etc. No entanto, os carros são diferentes, pois as peças de um não estão no outro.

Os triângulos abaixo, por exemplo, são congruentes. Eles não são iguais porque não são formados pelo mesmo conjunto de pontos.

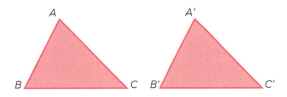

VAMOS DIFERENCIAR O CONCEITO DE FIGURAS IGUAIS E FIGURAS CONGRUENTES.

UMA FIGURA – COM UM CONJUNTO DE PONTOS – SÓ É IGUAL A SI PRÓPRIA.

Os triângulos que têm todas as medidas iguais – dos lados e dos ângulos correspondentes – são congruentes.

Em Matemática, dizemos que duas figuras geométricas são congruentes quando podemos sobrepor uma a outra, fazendo com que elas coincidam.

Vejamos outra situação: pegue duas folhas de papel retangulares iguais. Dobre a primeira ao meio no sentido do comprimento e pinte; dobre a segunda ao meio no sentido da largura e pinte. Perceba que essas duas metades de folhas pintadas têm:

- a mesma forma (são retangulares);
- a mesma área (cada uma delas é metade da folha).

No entanto, **não** são figuras congruentes.

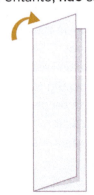  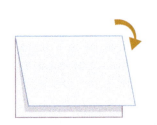 

Exemplos

São exemplos de figuras congruentes os retângulos abaixo cujas dimensões são as mesmas:
A e F; B e E; C e D.

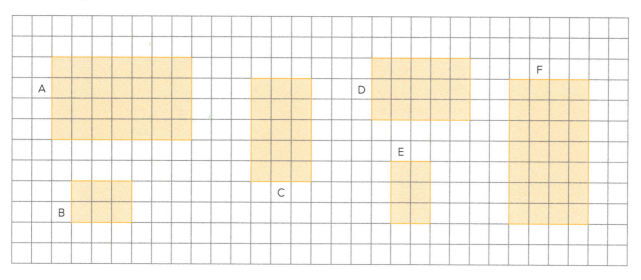

Congruência de triângulos

Observe os triângulos abaixo.

Sobrepondo um a outro, todos os pontos coincidem. Os dois triângulos são congruentes.

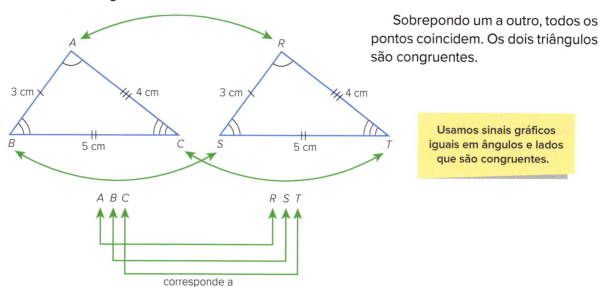

Usamos sinais gráficos iguais em ângulos e lados que são congruentes.

Indicamos que esses dois triângulos são congruentes assim: △ABC ≡ △RST.

símbolo de congruência

Veja que: $\hat{A} \equiv \hat{R}$; $\hat{B} \equiv \hat{S}$; $\hat{C} \equiv \hat{T}$.

$\overline{AB} \equiv \overline{RS}$; $\overline{BC} \equiv \overline{ST}$ e $\overline{AC} \equiv \overline{RT}$.

Se dois triângulos têm os três lados respectivamente congruentes e os três ângulos respectivamente congruentes, eles são congruentes.

Casos de congruência de triângulos

Para verificar se dois triângulos são congruentes, não é necessário examinar se todos os lados e todos os ângulos são respectivamente congruentes. Basta conhecer apenas três de seus elementos nas condições descritas a seguir.

1º caso: Os três lados (LLL)

Dois triângulos são congruentes quando seus três lados são respectivamente congruentes.

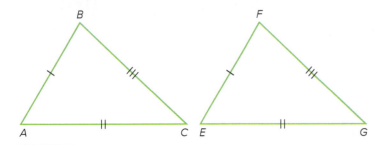

2º caso: Dois lados e o ângulo por eles formado (LAL)

Dois triângulos são congruentes quando dois lados e o ângulo formado por eles são respectivamente congruentes.

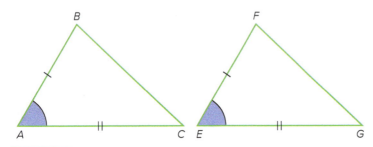

3º caso: Dois ângulos e o lado comum a esses ângulos (ALA)

Dois triângulos são congruentes quando um lado e dois ângulos adjacentes a esse lado são respectivamente congruentes.

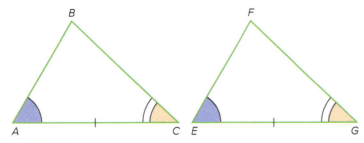

4º caso: Dois ângulos e um lado oposto a um desses ângulos (LAA_o)

Dois triângulos são congruentes quando um lado, um ângulo adjacente e um ângulo oposto a esse lado são respectivamente congruentes.

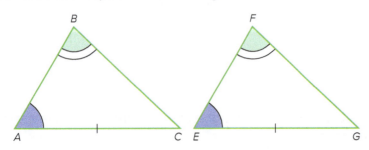

EXERCÍCIOS DE FIXAÇÃO

1. Quais dos seguintes pares de figuras são congruentes?

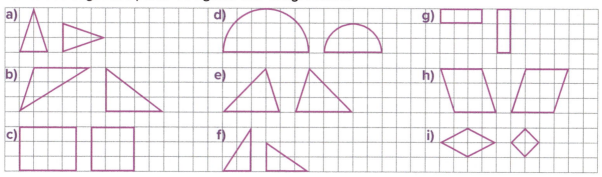

2. Responda:

a) Dois triângulos congruentes têm o mesmo perímetro?

b) Dois triângulos congruentes têm a mesma área?

c) Para verificar se dois triângulos são congruentes, é necessário analisar a congruência dos seis elementos (três lados e três ângulos)?

3. Indique o caso de congruência.

a) 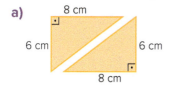   b) 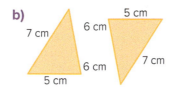   c)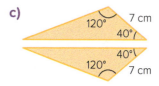

4. (Espcex-SP) Abaixo temos o triângulo ABC e os triângulos designados pelos códigos 1, 2, 4, 8, 16 e 32. Indique os triângulos que, com certeza, são congruentes com o triângulo ABC.

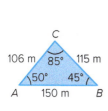 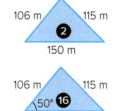 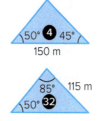

5. Se você sabe que os três ângulos de dois triângulos medem, respectivamente, 40°, 60° e 80°, poderá concluir que esses triângulos são congruentes?

6. Sabendo que o triângulo ABC é congruente ao triângulo RTS, calcule o valor de x, y e z.

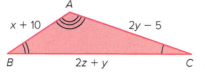 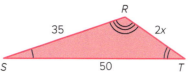

139

AQUI TEM MAIS

Vimos que, para verificar se dois triângulos são congruentes, não é necessário constatar as seis congruências entre os elementos correspondentes.

- 3 lados respectivamente congruentes: triângulos congruentes pelo caso LLL
- 2 lados e o ângulo formado por eles: triângulos congruentes pelo caso LAL
- 1 lado e os dois ângulos adjacentes a esse lado: triângulos congruentes pelo caso ALA
- 2 ângulos e o lado oposto a um dos ângulos: triângulos congruentes pelo caso LAA$_o$

Observe que **não existe o caso AAA** (3 ângulos congruentes). **Por que será?**

Vamos construir um triângulo conhecendo somente as medidas de seus ângulos internos: 40°, 60° e 80°.

Traçamos um segmento AB com 3 cm (essa medida não foi dada, mas escolhida arbitrariamente).

Traçamos, com o transferidor, um ângulo de 40° com vértice em A e um ângulo de 60° com vértice em B.

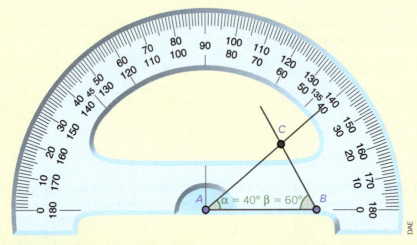

Observe que, quando os ângulos são traçados, os lados se intersectam, determinando o vértice C. O triângulo ABC está construído com os ângulos nas medidas apresentadas.

Vamos construir o triângulo DEF também com ângulos internos que medem 40°, 60° e 80°.

Desta vez, faremos o segmento DE medindo 4,5 cm.

Os procedimentos são os mesmos, e o triângulo DEF fica assim:

Os triângulos ABC e DEF não são congruentes.

A congruência dos três ângulos internos correspondentes não garante a congruência dos triângulos.

Por isso, não há caso de congruência AAA.

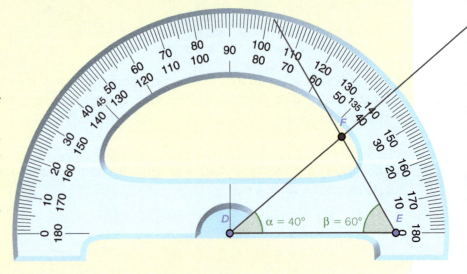

140

EXERCÍCIOS
COMPLEMENTARES

7. Identifique o caso de congruência de triângulos em cada item.

a)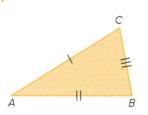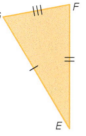

c)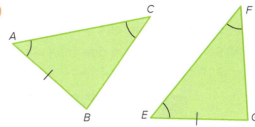

b)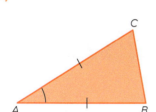

d)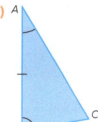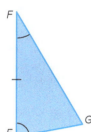

8. É verdade que:

a) dois retângulos congruentes têm perímetros iguais?

b) dois retângulos com perímetros iguais são congruentes?

9. Determine $x + 2y$ sabendo que os triângulos *ABC* e *EDC* são congruentes.

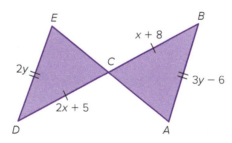

10. (Saresp) No triângulo *ABC* foram marcados os pontos médios de cada lado (*M*, *N*, *P*) e traçado o triângulo *MNP*.

O número de triângulos congruentes obtidos é:

a) 2.   b) 3.   c) 4.   d) 5.

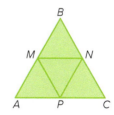

11. (Saresp) Nos triângulos *CEM* e *SOM* estão assinalados com marcas iguais os lados que são congruentes. O ponto *M* pertence ao segmento *CS*.

Responda:

a) Qual é a medida de *x*?

b) Qual é a medida de *y*?

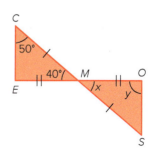

EXERCÍCIOS

SELECIONADOS

12. Responda **sim** ou **não**.

a) Se você sabe que dois triângulos têm, cada um, um lado de 3 cm e outro de 5 cm, você pode concluir que esses triângulos são congruentes?

b) Se você sabe que dois triângulos têm, cada um, um lado de 7 cm e um ângulo de 30°, você pode concluir que esses triângulos são congruentes?

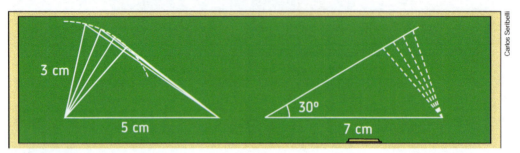

13. Indique o caso de congruência.

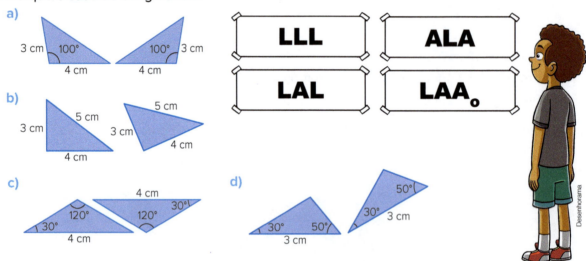

14. Determine o valor de x sabendo que os pares de triângulos representados são congruentes.

a)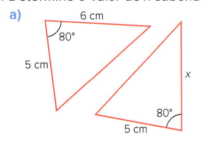

b)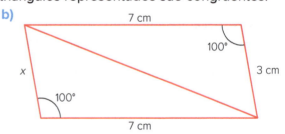

15. Na figura, o triângulo ABC é congruente ao triângulo EDC. Determine o valor de x e y.

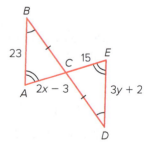

PANORAMA

FAÇA AS ATIVIDADES A SEGUIR E REVEJA O QUE VOCÊ APRENDEU.

16. Dois triângulos congruentes têm:
   a) mesma área e perímetros diferentes.
   b) mesmo perímetro e áreas diferentes.
   c) mesmo perímetro e mesma área.
   d) nenhuma das alternativas anteriores.

17. (Saresp) Na figura abaixo, o triângulo ABC é isósceles e $\overline{BD} \equiv \overline{DE} \equiv \overline{EC}$. Nessas condições, os triângulos:

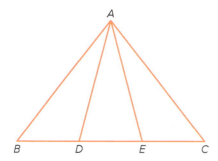

   a) ABD e ADE são congruentes.
   b) ABD e AEC são congruentes.
   c) ADE e AEC são congruentes.
   d) ABD e ABC são equivalentes.

18. Os triângulos ABC e DEC são congruentes. O perímetro da figura ABDECA é:

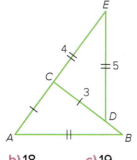

   a) 17.   b) 18.   c) 19.   d) 21.

19. Os triângulos ABC e EFG são congruentes. Então x e y são, respectivamente, iguais a:

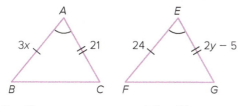

   a) 8 e 8.   c) 7 e 15.
   b) 6 e 11. d) 8 e 13.

20. (PUC-SP) Na figura $BC \equiv CA \equiv AD \equiv DE$; o ângulo $C\hat{A}D$ mede:

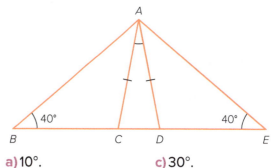

   a) 10°.   c) 30°.
   b) 20°.   d) 40°.

21. Os triângulos ABD e CDB são congruentes. Então x e y são, respectivamente, iguais a:

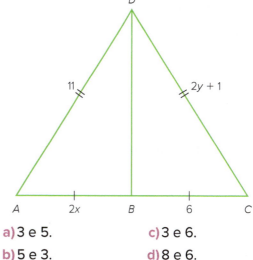

   a) 3 e 5.   c) 3 e 6.
   b) 5 e 3.   d) 8 e 6.

22. Os triângulos ABC e EDC são congruentes. Então x + y é igual a:

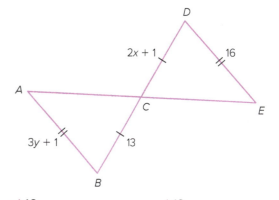

   a) 10.   c) 13.
   b) 11.   d) 15.

Elementos notáveis de um triângulo

Ponto médio de um segmento

O ponto que divide um segmento em dois segmentos congruentes é seu **ponto médio**.
Na ilustração, M é o ponto médio de $\overline{AB}$, pois $\overline{AM} \equiv \overline{MB}$.

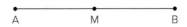

Medianas e baricentro de um triângulo

Mediana de um triângulo é o segmento que une um vértice ao ponto médio do lado oposto.

Todo triângulo tem três medianas, que se encontram em um ponto chamado **baricentro**.

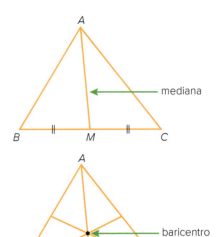

Bissetriz de um ângulo

Bissetriz de um ângulo é a semirreta com origem no vértice do ângulo e que o divide em dois outros ângulos congruentes.

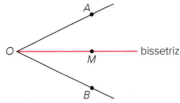

A medida de $A\hat{O}M$ é igual à medida de $M\hat{O}B$, então $\overrightarrow{OM}$ é bissetriz de $A\hat{O}B$.

Na ilustração a seguir, $\overrightarrow{OC}$ é bissetriz de $A\hat{O}B$, pois divide esse ângulo em dois ângulos congruentes.

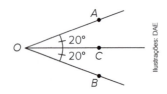

Bissetrizes e incentro de um triângulo

Bissetriz de um triângulo é o segmento da bissetriz de um ângulo interno que tem por extremidades o vértice desse ângulo e o ponto de encontro com o lado oposto.

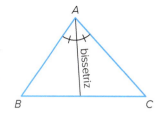

Todo triângulo tem três bissetrizes, que se encontram em um ponto interior chamado **incentro**.

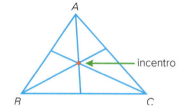

Podemos traçar a bissetriz de um ângulo com régua e compasso. Trace um ângulo qualquer e acompanhe as instruções abaixo.

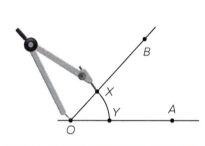
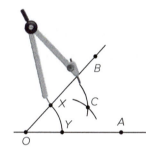
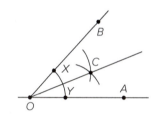

1. Coloque a ponta-seca do compasso no ponto de vértice do ângulo e trace um arco com abertura qualquer, como você vê na ilustração. O arco corta os lados do ângulo nos pontos X e Y.

2. Com a ponta-seca do compasso em X, trace um novo arco. Sem mudar a abertura do compasso, repita o procedimento colocando a ponta-seca em Y. Você determinou o ponto C.

3. Trace com régua a semirreta $\widehat{OC}$, que é bissetriz de $A\widehat{O}B$.

Alturas e ortocentro de um triângulo

Altura de um triângulo é o segmento da perpendicular traçada de um vértice até o lado oposto ou até seu prolongamento.

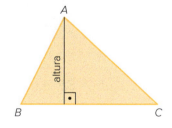
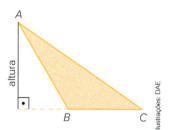

Todo triângulo tem três alturas, que se encontram em um ponto chamado **ortocentro**.

Observe que, diferentemente das medianas e das bissetrizes, uma altura do triângulo pode estar no exterior do polígono. Isso ocorre quando o triângulo é obtusângulo.

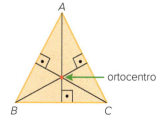

145

EXERCÍCIOS
DE FIXAÇÃO

1. Sabendo que, no triângulo PQR, QM = MR e $Q\hat{P}N \equiv N\hat{P}R$, escreva qual segmento é:

   a) uma mediana do triângulo;

   b) uma altura do triângulo;

   c) uma bissetriz do triângulo.

2. Considere que:
   - G é o baricentro de um triângulo;
   - I é o incentro de um triângulo;
   - O é o ortocentro de um triângulo.

   Copie as frases a seguir e preencha corretamente os parênteses com a letra correta.

   a) (   ) Ponto de encontro das alturas do triângulo.

   b) (   ) Ponto de encontro das medianas de um triângulo.

   c) (   ) Ponto de encontro das bissetrizes de um triângulo.

3. No triângulo ABC, o segmento AD é bissetriz do ângulo A. Calcule as medidas dos ângulos $B\hat{A}D$ e $C\hat{A}D$.

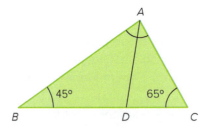

4. Calcule o perímetro do triângulo ABC sabendo que $\overline{AM}$ é uma mediana desse triângulo.

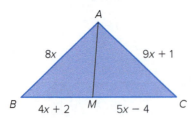

5. No triângulo RST, $\overline{RH}$ é uma altura e $\overline{SB}$ é uma bissetriz. Determine $S\hat{B}T$ sabendo que $S\hat{R}H = 30°$ e $R\hat{T}S = 40°$.

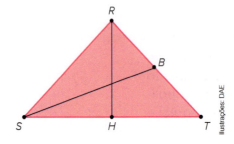

Mediatriz de um segmento

A mediatriz de um segmento é a reta perpendicular a esse segmento que passa por seu ponto médio.

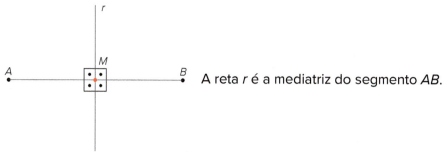

A reta *r* é a mediatriz do segmento *AB*.

Podemos determinar o ponto médio e a mediatriz de um segmento usando régua e compasso. Trace um segmento *AB* qualquer e veja como fazer isso nas orientações a seguir.

1. Fixe a ponta-seca do compasso em *A* e, com a abertura maior do que a metade do comprimento de $\overline{AB}$, trace um arco.	2. Mantendo a mesma abertura no compasso, com a ponta-seca em *B*, trace o segundo arco, determinando os pontos *P* e *Q*.	3. Trace a reta *PQ*, determinando o ponto *M*, que é o ponto médio do segmento. A reta que você traçou é a mediatriz do segmento.

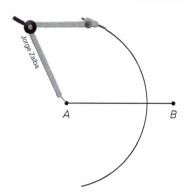 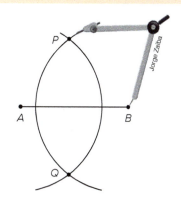 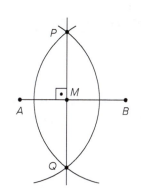

Circuncentro de um triângulo

Traçamos as mediatrizes dos três lados de um triângulo *ABC*.

As retas se cortam em um ponto chamado **circuncentro** do triângulo.

O circuncentro de um triângulo pode se localizar na parte interna ou na parte externa do triângulo, ou ainda sobre um dos lados. Observe os exemplos:

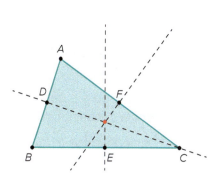

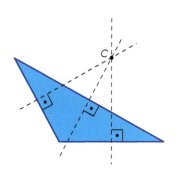 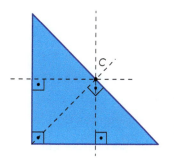

147

AQUI TEM MAIS

Vamos conhecer um pouco melhor o incentro e o circuncentro.

O **circuncentro** é o centro da circunferência **circunscrita** ao triângulo.

Determinado o circuncentro C, que é o ponto de encontro das mediatrizes dos lados do triângulo, coloca-se a ponta-seca do compasso em C e, com a abertura igual à distância de C até um dos três vértices, traça-se a circunferência circunscrita ao triângulo ABD.

A circunferência circunscrita a um polígono passa pelos vértices desse polígono. Os lados estão no interior da circunferência.

O **incentro** é o centro da circunferência **inscrita** no triângulo.

Determinado o incentro I, que é o ponto de encontro das bissetrizes do triângulo, coloca-se a ponta-seca do compasso em I e, com a abertura igual à distância de I até um dos lados, traça-se a circunferência inscrita ao triângulo ABC.

A circunferência inscrita tangencia os lados do triângulo, ou seja, tem um único ponto comum com cada lado, chamado ponto de tangência. No exemplo, esses pontos são J, K e H.

$\overline{IJ} \equiv \overline{IK} \equiv \overline{IH}$ (são raios da circunferência).

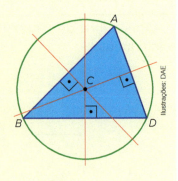
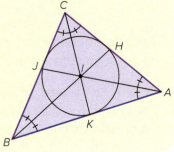

EXERCÍCIOS DE FIXAÇÃO

6. Neste triângulo ABC, a reta s é a mediatriz do lado $\overline{AB}$. Determine x para que o perímetro do triângulo seja igual a 30 cm e classifique-o quanto aos lados.

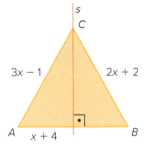

7. Neste triângulo ABC localizamos o incentro I.

a) Que elementos traçamos para determinar I?

b) O incentro é o centro da circunferência inscrita ou da circunferência circunscrita?

c) Os segmentos IH, IK e IJ têm mesma medida? Justifique.

8. O ponto D marcado na imagem corresponde ao centro da circunferência circunscrita ao triângulo ABC.

a) D é o ponto de encontro de quais elementos do triângulo?

b) O que os segmentos DA, DB e DC são nessa circunferência?

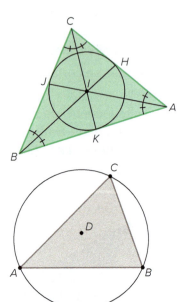

Construção de ângulos de 90°, 45°, 60° e 30°

Vamos traçar alguns ângulos utilizando régua e compasso. Acompanhe cada construção.

90°

A bissetriz de um ângulo raso (180°) determina dois ângulos de 90°.

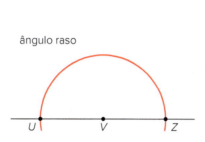
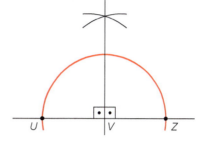

45°

Traçando a bissetriz do ângulo reto (90°) obtemos dois ângulos de 45°.

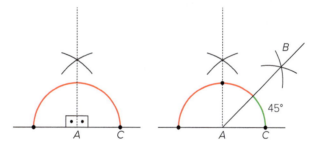

60° e 30°

1. Traçamos um dos lados do ângulo e nomeamos o vértice A.

2. Com a ponta-seca no vértice e abertura qualquer, traçamos um arco, determinando o ponto B.

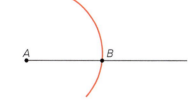

3. Com a ponta-seca em B e mesma abertura, traçamos outro arco, determinando o ponto C.

4. A semirreta de origem em A passando pelo ponto C é o outro lado do ângulo de 60°.

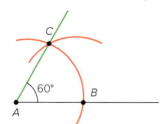

5. O ângulo de 30° é obtido traçando a bissetriz do ângulo de 60°.

149

Triângulos isósceles e triângulos equiláteros

O triângulo ABC é um triângulo isósceles qualquer com AC = BC.

O lado $\overline{AB}$ é a base desse triângulo.

Traçamos a bissetriz do ângulo C.

Os triângulos ACH e BCH são congruentes pelo caso **LAL**:

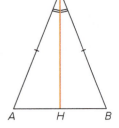

- $\overline{CH}$ é lado comum aos triângulos **(L)**
- $A\hat{C}H \equiv B\hat{C}H$ **(A)**
- $\overline{AC} \equiv \overline{BC}$ **(L)**

Isso significa que os demais pares de elementos correspondentes dos dois triângulos são congruentes:

- $\overline{AH} \equiv \overline{BH}$ (H é o ponto médio de $\overline{AB}$, ou seja, $\overline{CH}$ é a mediana relativa à base)
- $A\hat{H}C \equiv B\hat{H}C = 90°$ ($\overline{CH}$ é a altura relativa à base do triângulo)
- $C\hat{A}H \equiv C\hat{B}H$

Essa congruência possibilita enunciarmos duas propriedades importantes **dos triângulos isósceles:**

> - Altura, bissetriz e mediana relativas à base coincidem.
> - Os ângulos da base são congruentes.

Sabemos que triângulos equiláteros têm três lados de mesma medida: são triângulos isósceles especiais, pois cada um dos três lados pode ser tomado como base.

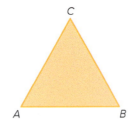

Considerando $\overline{AB}$ como base, temos que $\hat{A} \equiv \hat{B}$.

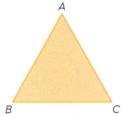

Considerando $\overline{BC}$ como base, temos que $\hat{B} \equiv \hat{C}$.

> Se $\hat{A} \equiv \hat{B}$ e $\hat{B} \equiv \hat{C}$, então $\hat{A} \equiv \hat{B} \equiv \hat{C}$.
> Os três ângulos internos de um triângulo equilátero são congruentes. Cada ângulo mede 60°.
> 180° : 3 = 60°

Ainda há mais.

Nos triângulos equiláteros, as medianas, as bissetrizes e as alturas coincidem.

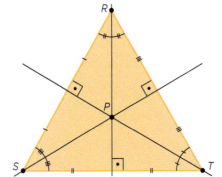

P é baricentro, incentro, circuncentro e ortocentro.

EXERCÍCIOS
DE FIXAÇÃO

9. Um triângulo ABC é equilátero. Qual é a medida de cada um de seus ângulos internos?

10. O triângulo ABC abaixo é isósceles de base BC. Qual é o valor de x?

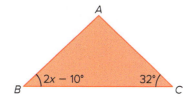

11. Calcule x sabendo que o triângulo ABC é isósceles de base AB.

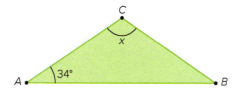

12. Na ilustração abaixo, PR = RS. Determine x e y.

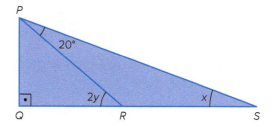

13. Na figura abaixo, ABCD é um quadrado e os segmentos com marcas iguais têm medidas iguais. Determine x.

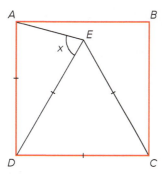

14. Determine t sabendo que, nesta figura, AB = BC e AC = AD.

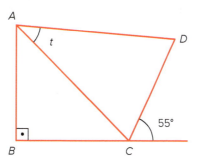

EXERCÍCIOS
COMPLEMENTARES

15. Determine x sabendo que o triângulo ABC é equilátero e o triângulo ACD é isósceles de base $\overline{AD}$.

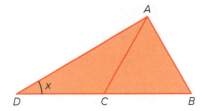

16. Determine x sabendo que $\overline{AD}$ e $\overline{BC}$ são bissetrizes dos ângulos $\hat{A}$ e $\hat{B}$ respectivamente.

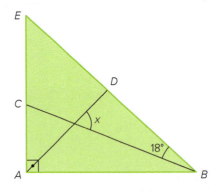

17. Determine a medida de $\hat{A}$ sabendo que as bissetrizes dos ângulos de vértices B e C formam um ângulo de 110°, como indicado na ilustração.

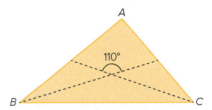

18. Na ilustração, a semirreta OM é bissetriz de $C\hat{O}D$ e $A\hat{O}B = 120°$. Determine x e y.

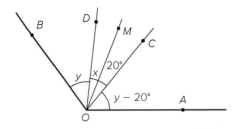

19. Se o ponto G marcado na ilustração é o baricentro do triângulo escaleno ABC, então que elementos desse triângulo são os segmentos AN, BP e CM?

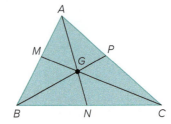

PANORAMA

FAÇA AS ATIVIDADES A SEGUIR E REVEJA O QUE VOCÊ APRENDEU.

NO CADERNO

20. Se a semirreta OP é bissetriz de AÔB, então AÔB mede:

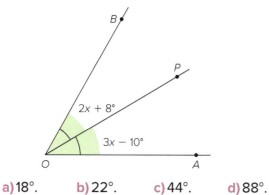

a) 18°.   b) 22°.   c) 44°.   d) 88°.

21. Observe o triângulo e as informações da figura. Assinale a alternativa correta.

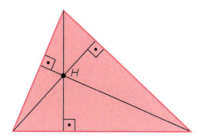

a) H é o baricentro do triângulo.
b) H é o ponto de encontro das mediatrizes do triângulo.
c) H é o incentro do triângulo.
d) H é o ponto de encontro das alturas do triângulo.

22. Na ilustração, RST é isósceles de base $\overline{ST}$. Então x e y são, respectivamente, iguais a:

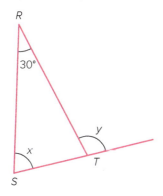

a) 65° e 100°.   d) 65° e 105°.
b) 75° e 105°.   e) 75° e 115°.
c) 75° e 100°.

23. Qual é a medida de $\hat{A}$ se I é o incentro do triângulo ABC?

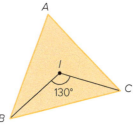

a) 50°   c) 80°   e) 130°
b) 60°   d) 100°

24. No triângulo ABC, $\overline{AH}$ e $\overline{BP}$ são alturas e os ângulos $\hat{B}$ e $\hat{C}$ medem, respectivamente, 70° e 50°. Neste caso, AÔP mede:

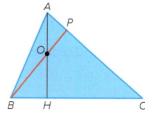

a) 40°.   c) 60°.   e) 80°.
b) 50°.   d) 70°.

25. Na figura, a semirreta OB é a bissetriz de AÔC. Então x − y vale:

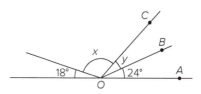

a) 114°.   c) 66°.   e) 24°.
b) 90°.   d) 27°.

26. Neste triângulo, $\overrightarrow{AB}$ é bissetriz de $\hat{A}$. Então x é igual a:

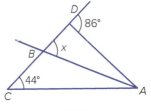

a) 115°.   c) 65°.   e) 21°.
b) 86°.   d) 44°.

CAPÍTULO 18
Quadriláteros

Classificação dos quadriláteros

Relembrando:
- Os quadriláteros são polígonos de 4 lados e 4 vértices.

Observe o quadrilátero ABCD.

Os pontos A, B, C e D são os vértices do quadrilátero.

Os segmentos AB, BC, CD e DA são os lados.

$\hat{A}$, $\hat{B}$, $\hat{C}$ e $\hat{D}$ são os ângulos internos.

$\overline{AC}$ e $\overline{BD}$ são as diagonais do quadrilátero.

- A soma dos ângulos internos de um quadrilátero é 360°.

O quadrilátero ABCD acima é um simples quadrilátero.

No entanto, há quadriláteros que têm características especiais e, por essa razão, recebem nomes específicos.

Trapézios

São quadriláteros que têm um par de lados paralelos. Esses lados são as bases do trapézio. Veja exemplos:

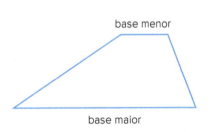
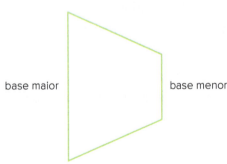

Há três tipos de trapézio. Observe a seguir.

Trapézio isósceles
As medidas dos lados não paralelos são iguais.

Trapézio escaleno
As medidas de todos os lados são desiguais.

Trapézio retângulo
É o trapézio que tem dois ângulos retos.

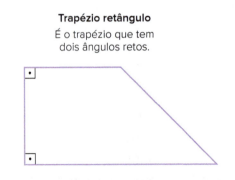

154

Paralelogramos

São quadriláteros que têm dois pares de lados paralelos.

Os lados opostos são paralelos.

Paralelogramos especiais

Paralelogramos com:
- 4 ângulos retos são retângulos;

- 4 lados de mesma medida são losangos;

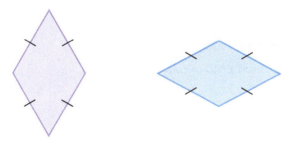

- 4 ângulos retos e 4 lados de mesma medida são quadrados.

Observe que o quadrado é paralelogramo, retângulo e também losango.

Aplicando o conhecimento de ângulos e triângulos, poderemos descobrir propriedades dos paralelogramos e dos trapézios.

Propriedades dos paralelogramos

1. Os ângulos opostos de um paralelogramo são congruentes.

$\hat{x}$ e $\hat{y}$ são ângulos opostos do paralelogramo.

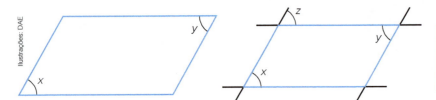

$z = x$ (ângulos correspondentes)
$z = y$ (ângulos alternos internos)
Então: $x = y$

2. Os ângulos de um mesmo lado de um paralelogramo são suplementares.

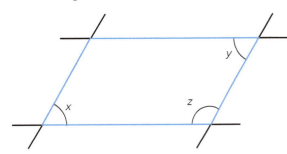

Como os lados opostos do paralelogramo são paralelos, z e y são ângulos colaterais internos, ou seja, são congruentes.

$z = y$

Sabendo essas propriedades, podemos determinar as medidas dos ângulos internos de um paralelogramo conhecendo apenas um deles. Acompanhe:

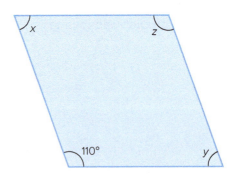

$z = 110°$ (ângulos opostos);

$x = 70°$ (ângulos de um mesmo lado);

$y = 110°$ (oposto a $\hat{x}$ ou suplemento de $\hat{z}$).

! CURIOSO É...

Silvestre II – o papa cientista

Gerbert d'Aurillac nasceu por volta de 946 em Bellac, França. Estudou Matemática sob a tutela do bispo Atto de Vic, período no qual teve contato com a cultura e os estudos do povo árabe, o que alimentou seu interesse por Aritmética e Astronomia.

Em 999, sucedeu o papa Gregório V – adotando o nome Silvestre II – e tornou-se o primeiro papa francês da história. O currículo de Silvestre II impressionava antes mesmo de ele se tornar papa: era um dos mais renomados cientistas de seu tempo e havia escrito vários livros sobre Astronomia e Matemática.

Gerbert d'Aurillac foi provavelmente o mais inteligente dos papas medievais.

↑ Papa Silvestre II.

EXERCÍCIOS DE FIXAÇÃO

1. Responda:

a)

b) SOU UM LOSANGO. SERÁ QUE PODEM ME CHAMAR DE PARALELOGRAMO?

2. Dado o paralelogramo *ABCD*, calcule os ângulos indicados pelas letras.

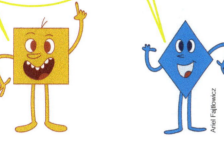

Os ângulos opostos do paralelogramo são congruentes?

3. Calcule o valor de *x*, *y*, *z* e *w* nos losangos.

a)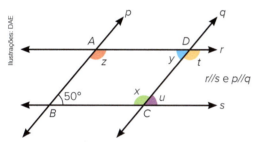

b)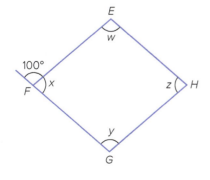

4. Calcule os ângulos indicados nos paralelogramos.

a)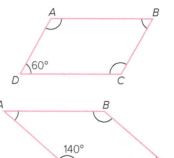

b)

5. Calcule o valor de *x*, *y*, *z* e *w* nos paralelogramos.

a)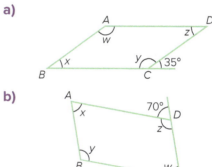

b)

6. Observe a figura e calcule o valor de *x* nos paralelogramos abaixo dela.

$\hat{A} \equiv \hat{C}$ (ângulos opostos)

$\hat{B} \equiv \hat{D}$ (ângulos opostos)

a) 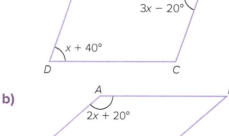 (3x − 20°, x + 40°)

b)   (2x + 20°, x + 80°)

157

3. **Os lados opostos de um paralelogramo são congruentes.**

$ABCD$ é um paralelogramo e $\overline{AC}$ é uma de suas diagonais.

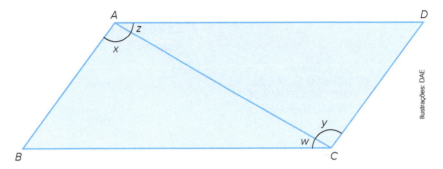

Os triângulos ABC e CDA são congruentes:

$x = y$ (A)
$\overline{AC}$ é lado comum (L)
$z = w$ (A)

$\triangle ABC \equiv \triangle CDA$ pelo caso ALA

Dessa congruência, conclui-se que $AB = CD$ e $BC = DA$.

4. **As diagonais de um paralelogramo se cortam em seus pontos médios.**

$ABCD$ é um paralelogramo.

Pela propriedade anterior, $AD = BC$.

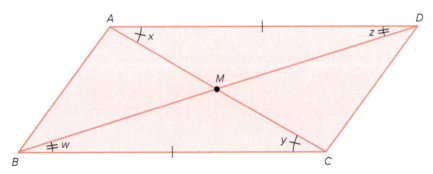

$x = y$ e $z = w$ (ângulos alternos internos congruentes, pois $\overline{AD} // \overline{BC}$).

Os triângulos AMD e CMB são congruentes pelo caso ALA.

Dessa congruência, conclui-se que:

$AM = MC$ (M é ponto médio da diagonal $\overline{AC}$);
$BM = MD$ (M é ponto médio da diagonal $\overline{BD}$).

Mostramos que, se o quadrilátero é um paralelogramo, valem essas três propriedades.

Também é verdade que, se um quadrilátero satisfaz essas propriedades, então ele é um paralelogramo.

Os retângulos, os losangos e os quadrados são paralelogramos especiais. Portanto, as três propriedades vistas valem para esses polígonos.

EXERCÍCIOS
DE FIXAÇÃO

7. (Saresp) Observe a figura.

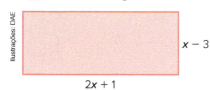

Qual é a expressão algébrica simplificada que determina o perímetro desse retângulo?

8. Depois de determinar o valor de *x*, determine o perímetro de cada figura.

a)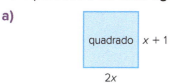

b)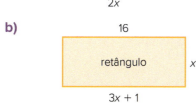

9. O retângulo representado abaixo está decomposto em três quadrados.

Quais são as dimensões dele, em centímetros, sabendo-se que tem 2 metros de perímetro?

10. (OM-CE) Pedrinho deseja cercar seu terreno quadrado usando 5 estacas em cada lado. De quantas estacas ele vai precisar?

a) 15
b) 16
c) 17
d) 18

11. Na figura, os triângulos *ABC* e *DEC* são equiláteros. O perímetro do quadrilátero *ABED* é:

a) 6.
b) 7.
c) 8.
d) 9.

12. Observe o exemplo e calcule *x* nos paralelogramos abaixo dele.

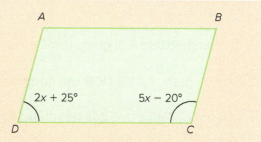

Os ângulos consecutivos são suplementares. Então:

$2x + 25° + 5x - 20° = 180°$

$7x = 180° - 25° + 20°$

$7x = 175°$

$x = 25°$

a)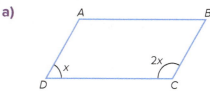

b)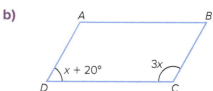

13. Determine o perímetro dos retângulos.

a)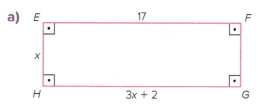

b)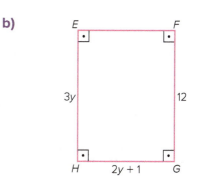

Propriedade das diagonais do retângulo

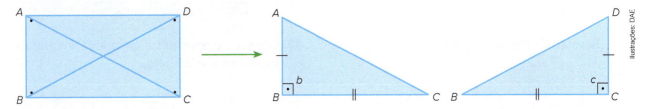

O retângulo tem 4 ângulos retos e lados opostos congruentes.

Os triângulos *ABC* e *DCB* são congruentes pelo caso LAL:

AB = *DC* (lados opostos do retângulo) (L)
b = *c* (ângulos retos) (A)
$\overline{BC}$ é lado comum aos dois triângulos (L).

Dessa congruência, conclui-se que *AC* = *BD*.
As diagonais do retângulo são congruentes.

Propriedade das diagonais do losango

O losango é o paralelogramo que tem quatro lados de mesma medida.

Como é paralelogramo, suas diagonais se cortam nos pontos médios.

Traçamos as diagonais $\overline{AC}$ e $\overline{BD}$ do losango *ABCD*.

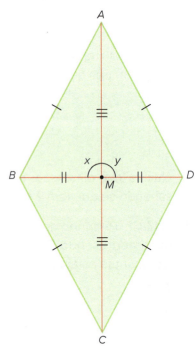

Os triângulos *ABM* e *ADM* são congruentes pelo caso LLL:

AB = *DA* (lados do losango) (L)
BM = *MD* (*M* é ponto médio de $\overline{BD}$) (L)
AM é lado comum (L).

Dessa congruência, conclui-se que *x* = *y*.
Como *x* + *y* = 180° (ângulo raso), temos *x* = *y* = 90°.
As diagonais do losango são perpendiculares.

Também valem as propriedades recíprocas. Se um paralelogramo tem:
- diagonais congruentes que se cortam no ponto médio, ele é um retângulo;
- diagonais perpendiculares que se cortam no ponto médio, ele é um losango.

O quadrado é paralelogramo, retângulo e losango.
Todas as propriedades vistas valem para o quadrado.

Propriedades dos trapézios isósceles

1. **Os ângulos da base de um trapézio isósceles são congruentes.**

   O trapézio RSTU, ao lado, é isósceles (ST = RU).

   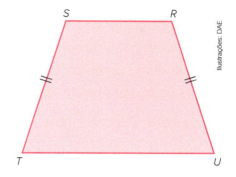

   Traçamos uma paralela ao lado ST do trapézio e marcamos o ponto P.

   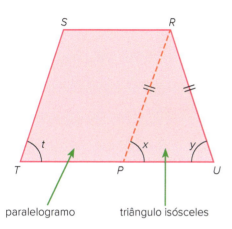

   Como ST = RU e ST = RP, RSTP é um paralelogramo.

   Como ST//RP, x = t (ângulos correspondentes).

   O triângulo RPU é isósceles, portanto x = y (ângulos da base do triângulo isósceles).

   Se x = t e x = y, então t = y.

   Os ângulos da base do trapézio isósceles são congruentes.

2. **As diagonais de um trapézio isósceles são congruentes.**

   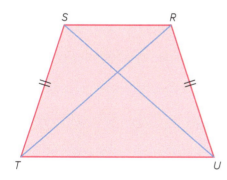

   Os triângulos STU e RUT são congruentes pelo caso LAL:

   ST = RU (trapézio isósceles);

   $S\hat{T}U \equiv R\hat{U}T$ (ângulos da base de um trapézio isósceles);

   $\overline{TU}$ é lado comum.

   Então, RT = SU.

   As diagonais do trapézio isósceles são congruentes.

   Este calçamento, que pode ser visto em algumas das importantes ruas da cidade de São Paulo, é conhecido por "piso paulista" e lembra o mapa do estado de São Paulo. Observe que as figuras brancas e as pretas são formadas por trapézios.

EXERCÍCIOS
DE FIXAÇÃO

14. Classifique cada afirmação abaixo em verdadeira (V) ou falsa (F).

a) As diagonais de um retângulo são congruentes.

b) As diagonais de um retângulo são perpendiculares.

c) As diagonais de um losango são congruentes.

d) As diagonais de um losango são perpendiculares.

15. Se ABDC é um retângulo e $\overline{AD}$ mede 5 cm, qual é a medida de $\overline{BC}$?

16. Determine a medida de cada diagonal do paralelogramo ilustrado.

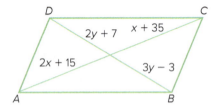

17. Classifique cada trapézio em isósceles, retângulo ou escaleno.

a)    b)    c)    d)

18. A diagonal $\overline{EG}$ do trapézio isósceles EFGH mede 4 cm. Qual é a medida da diagonal $\overline{FH}$?

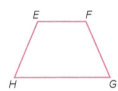

19. Na ilustração, ABCD é um paralelogramo. Determine x e y.

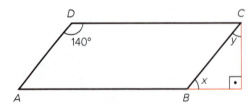

20. Determine x sabendo que os segmentos RT e SU são as diagonais do losango RSTU.

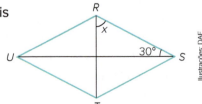

162

21. O trapézio EFGH é isósceles. Calcule f, g e h.

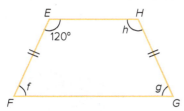

Dica: lembre-se de que ângulos colaterais internos determinados por paralelas cortadas por uma transversal são suplementares.

22. Calcule x, y e z nos trapézios isósceles.

a)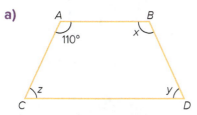

b)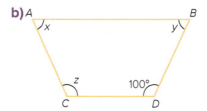

23. No quadrilátero a seguir, $x - y = 34°$. Determine x e y.

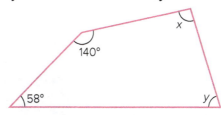

24. Determine as medidas dos ângulos desconhecidos no trapézio retângulo abaixo.

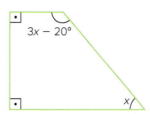

25. Classifique as afirmações em verdadeiras (V) ou falsas (F).

a) As diagonais de um trapézio são sempre congruentes.

b) Os ângulos opostos de um trapézio isósceles são congruentes.

c) As diagonais de um trapézio isósceles são congruentes.

d) Os ângulos da base de um trapézio isósceles são congruentes.

26. Calcule x e y no retângulo e verifique se a diagonal $\overline{AC}$ é bissetriz dos ângulos $\hat{A}$ e $\hat{C}$.

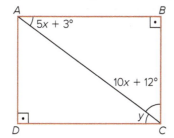

163

Arte e Geometria

Muitos artistas renomados utilizam formas geométricas em suas obras. Veremos obras de dois artistas: uma brasileira e um holandês.

Observe a reprodução do quadro *A gare* da artista brasileira Tarsila do Amaral.

Podemos identificar quadriláteros como retângulos, paralelogramos e trapézios, além de triângulos e formas circulares. A combinação de diversas formas compostas por traços simples resultou em uma obra agradável e harmoniosa.

Tarsila do Amaral nasceu no interior do estado de São Paulo, no ano de 1886. Filha de fazendeiros, teve uma infância ligada à natureza e à cultura brasileira. As cores vivas tornaram-se uma das marcas de suas obras que retratam paisagens rurais e urbanas, bem como o folclore e o povo brasileiro. Participou ativamente da Semana da Arte Moderna em 1922 e fez, em 1929, sua primeira exposição individual no Brasil.

Tarsila faleceu em São Paulo em 1973. É uma artista consagrada, tendo obras expostas em importantes museus.

Tarsila do Amaral. *A gare*, 1925.
Óleo sobre tela, 84,5 cm × 65 cm.
A expressão francesa *la gare* significa "a estação".

As obras reproduzidas abaixo são do artista holandês Piet Mondrian. Vemos quadriláteros — retângulos e quadrados — nas cores vermelha, amarela, azul, preta e branca.

Muitas das obras de Mondrian têm como característica a presença de formas geométricas, em especial retângulos.

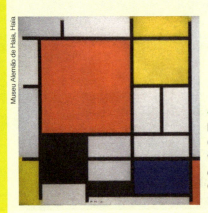

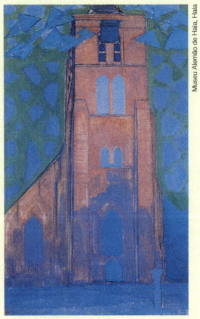

Piet Mondrian. *Torre da igreja de Zeeland; Torre da igreja em Domburg*, 1911. Óleo sobre tela, 114 cm × 75 cm.

Piet Mondrian. *Composição em vermelho, amarelo, azul e preto*, 1921. Óleo sobre tela, 59,5 cm × 59,5 cm.

Piet Mondrian nasceu na Holanda, em 1872, e foi um dos pioneiros da arte abstrata, utilizando linhas retas, ângulos retos e cores primárias como o amarelo e o azul. Faleceu em 1944 em Nova Iorque, Estados Unidos. A maior parte de suas obras pertence ao Museu de Haia, na Holanda.

EXERCÍCIOS COMPLEMENTARES

27. Em um quadrilátero com três ângulos congruentes, o ângulo diferente mede 81°. Quanto mede cada um dos ângulos congruentes?

28. (Cesgranrio-RJ) Em um trapézio retângulo, o menor ângulo mede 35°. O maior ângulo desse polígono mede:
a) 155°.
b) 150°.
c) 145°.
d) 140°.

29. Sabendo que as diagonais de um paralelogramo se encontram no ponto médio, determine x e y.

a)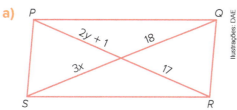

b)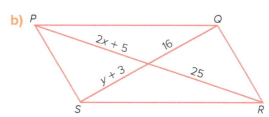

30. Um dos ângulos de um losango mede 30°. As medidas dos outros ângulos desse losango são:
a) 30°, 60° e 60°.
b) 60°, 90° e 90°.
c) 30°, 150° e 150°.
d) 60°, 100° e 180°.

31. Um losango tem 32 cm de perímetro. A medida do lado desse losango e a soma das medidas de seus ângulos internos são, respectivamente:
a) 8 cm e 180°.
b) 8 cm e 360°.
c) 16 cm e 180°.
d) 16 cm e 360°.

32. Nas figuras, *EFHG* são paralelogramos. Calcule x e y.

a)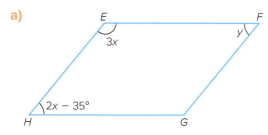

b)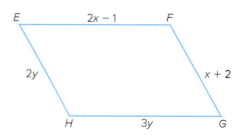

EXERCÍCIOS
SELECIONADOS

33. (Saresp) Na figura abaixo, *ABC* é um triângulo equilátero e *BCDE* é um quadrado. Quanto mede o ângulo α?

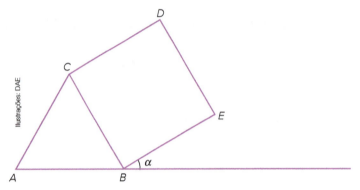

34. (Cesgranrio-RJ) Na figura abaixo, *ABCD* é um quadrado, *ADE* e *ABF* são triângulos equiláteros. Se *AM* é a bissetriz do ângulo $F\hat{A}E$, então o ângulo $F\hat{A}M$ mede:

a) 75°.

b) 80°.

c) 85°.

d) 82° 30'.

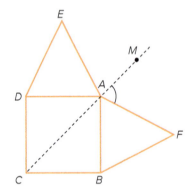

35. Calcule *x* e *y*.

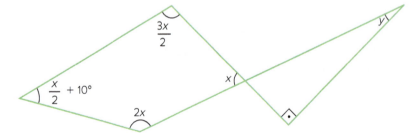

36. As medidas de dois ângulos consecutivos de um paralelogramo são respectivamente $2x + 25°$ e $4x + 5°$. Calcule as medidas dos quatro ângulos internos desse paralelogramo.

37. Se as diagonais de um retângulo formam entre si um ângulo de 120°, quais são as medidas dos ângulos que as diagonais formam com os lados do retângulo?

38. Em um trapézio isósceles, a medida de um ângulo interno tem 20° a mais que a medida de outro ângulo interno. Calcule os ângulos desse trapézio.

39. Uma das diagonais de um paralelogramo forma um ângulo de 24° com um dos lados e um ângulo de 32° com o outro. Calcule as medidas dos quatro ângulos internos desse paralelogramo.

PANORAMA

FAÇA AS ATIVIDADES A SEGUIR E REVEJA O QUE VOCÊ APRENDEU.
NO CADERNO

40. Quantos retângulos há nesta figura?

a) 6   b) 8   c) 9   d) 10

41. Um marceneiro desenhou um quadrilátero com todos os lados do mesmo tamanho, mas os ângulos não eram retos. Que figura esse marceneiro desenhou?

a) Quadrado.   c) Trapézio.
b) Losango.   d) Retângulo.

42. Em um trapézio isósceles, um ângulo mede 45°. Os outros ângulos medem:

a) 45°, 135° e 135°.
b) 45°, 145° e 145°.
c) 35°, 150° e 150°.
d) 45°, 150° e 150°.

43. (Cesgranrio-RJ) Em um trapézio retângulo, o menor ângulo mede 35°. O maior ângulo desse polígono mede:

a) 140°.   b) 145°.   c) 135°.   d) 155°.

44. (SEE-SP) A relação entre as medidas de dois ângulos do paralelogramo abaixo está indicada na figura. Os ângulos deste paralelogramo medem:

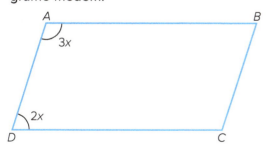

a) 50°, 75°, 50°, 75°.
b) 60°, 90°, 60°, 90°.
c) 80°, 120°, 80°, 120°.
d) 72°, 108°, 72°, 108°.

45. No paralelogramo abaixo, o ângulo x mede:

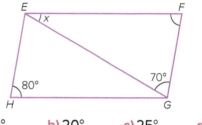

a) 10°.   b) 20°.   c) 25°.   d) 30°.

46. No paralelogramo abaixo, o valor de x é:

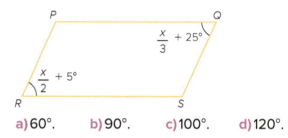

a) 60°.   b) 90°.   c) 100°.   d) 120°.

47. Os ângulos internos do paralelogramo abaixo medem:

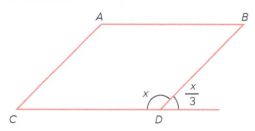

a) 45°, 135°, 45° e 135°.
b) 35°, 155°, 35° e 155°.
c) 60°, 120°, 60° e 120°.
d) 50°, 130°, 50° e 130°.

48. (Fuvest-SP) Nesta figura, os ângulos $\hat{a}$, $\hat{b}$, $\hat{c}$ e $\hat{d}$ medem, respectivamente, $\frac{3x}{2}$, $\frac{x}{2}$, $2x$ e x. O ângulo $\hat{e}$ é reto. Qual a medida do ângulo $\hat{f}$?

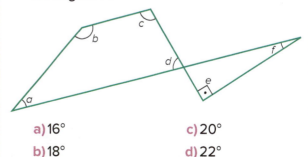

a) 16°   c) 20°
b) 18°   d) 22°

167

Polígonos regulares e circunferência

Polígonos regulares

No livro do 7º ano, vimos que polígonos regulares são os que têm todos os lados congruentes e todos os ângulos internos congruentes. Relembre observando os exemplos a seguir.

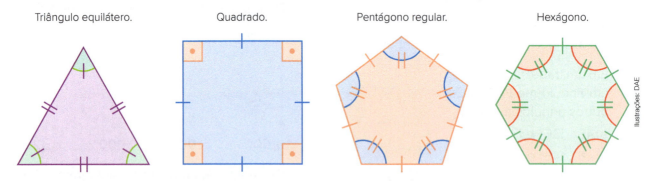

Triângulo equilátero.   Quadrado.   Pentágono regular.   Hexágono.

Polígonos inscritos na circunferência

Um polígono está **inscrito** numa circunferência se **todos os seus vértices são pontos da circunferência**. Veja a seguir exemplos de polígonos regulares e não regulares inscritos em circunferências.

Polígonos regulares

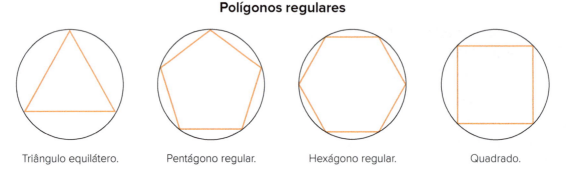

Triângulo equilátero.   Pentágono regular.   Hexágono regular.   Quadrado.

Polígonos não regulares

Quadrilátero não regular.   Pentágono não regular.   Triângulo retângulo.

Estudaremos a inscrição de polígonos regulares na circunferência a partir da divisão da circunferência em partes iguais.

Ângulo central e arcos de circunferência

Arcos

Dados dois pontos distintos A e B sobre uma circunferência, esta fica dividida em duas partes.

Cada uma dessas partes é denominada **arco**.

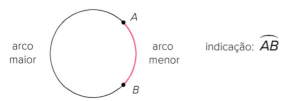

Os pontos A e B são as extremidades desses arcos. Sempre que nos referirmos ao arco AB, estaremos considerando o arco menor.

↑ Jean Baptiste Debret. *Caboclo*, c. 1816-1831. Aquarela sobre papel, 22 cm × 27,2 cm.

Quando as extremidades A e B coincidirem com as extremidades de um diâmetro, cada um dos arcos será chamado **semicircunferência**.

Ângulo central

Ângulo central é aquele cujo vértice está no centro da circunferência.

Na figura, $A\hat{O}B$ é um ângulo central, e $\stackrel{\frown}{AB}$ é o arco correspondente a esse ângulo.

A medida angular do arco $\stackrel{\frown}{AB}$ é igual à medida do ângulo central que o determina.

Ainda na figura ao lado, a medida angular de $\stackrel{\frown}{AB}$ é 70°.

Escrevemos $\stackrel{\frown}{AB}$ = 70°.

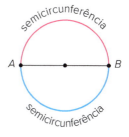

Na figura abaixo, as três circunferências traçadas têm centro no ponto O. Elas são **circunferências concêntricas**.

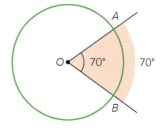

$\stackrel{\frown}{AB}$ = 45°
$\stackrel{\frown}{CD}$ = 45°
$\stackrel{\frown}{EF}$ = 45°

Observe que os arcos $\stackrel{\frown}{AB}$, $\stackrel{\frown}{CD}$ e $\stackrel{\frown}{EF}$, determinados nas circunferências por um mesmo ângulo central, têm a mesma medida angular, embora o comprimento de cada um deles seja diferente.

169

Construção do quadrado inscrito na circunferência

O ângulo de 1 volta tem 360°. Dividindo esse ângulo em 4 partes iguais, temos 4 ângulos de 90°. Ao traçarmos 4 ângulos centrais de 90°, dividiremos a circunferência em 4 partes iguais.

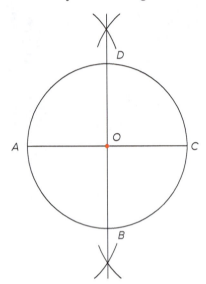

1. Traçamos uma circunferência de centro O com compasso.
2. Com a régua traçamos o diâmetro $\overline{AC}$.
3. Traçamos a mediatriz de $\overline{AC}$.

    O diâmetro $\overline{BD}$ é perpendicular a $\overline{AC}$. Dividimos a circunferência em 4 partes iguais.

    Os pontos A, B, C e D são os vértices do quadrado inscrito na circunferência.

4. Utilizando régua, traçamos o quadrado ABCD.

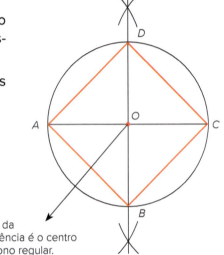

O centro da circunferência é o centro do polígono regular.

Construção do hexágono regular inscrito na circunferência

Vamos dividir a circunferência em 6 partes iguais.

$$360° : 6 = 60°$$

A ideia é construir 6 ângulos centrais de 60°, dividindo assim a circunferência em 6 partes iguais.

1. Traçamos com compasso uma circunferência de centro O.
2. Com a ponta-seca em A e abertura do compasso igual ao raio $\overline{OA}$, traçamos um arco determinando o ponto B.
3. Repetimos o procedimento com centro no ponto B, determinando C, e assim por diante até obtermos os 6 vértices do hexágono regular.
4. Com régua, traçamos os lados do polígono.

Relembre como traçar um ângulo de 60° na página 149, Capítulo 17.

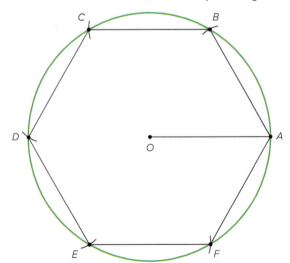

EXERCÍCIOS
DE FIXAÇÃO

1. Os ponteiros de um relógio formam ângulos centrais. Determine esses ângulos sem usar o transferidor.

   a)   b)

   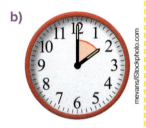

2. Responda:
   a) Que ângulo descreve o ponteiro das horas em uma hora? E o ponteiro dos minutos?
   b) Qual é o ângulo percorrido pelo ponteiro dos minutos em um minuto?

3. Sem usar o transferidor, determine a medida dos ângulos centrais indicados. Observe que, em cada item, as circunferências estão divididas em partes congruentes.

   a)   c)   e)

   b)   d)

4. (Vunesp) Um *pizzaiolo* consegue fazer uma *pizza* de 40 cm de diâmetro perfeitamente circular e dividi-la em 8 partes iguais. Pode-se afirmar que, ao comer 3 pedaços, uma pessoa ingere o correspondente a um ângulo central de:
   a) 75°.
   b) 105°.
   c) 125°.
   d) 135°.

5. A circunferência abaixo foi dividida em seis partes iguais traçando-se ângulos centrais de 60°. Como podemos traçar um triângulo equilátero a partir dessa construção?

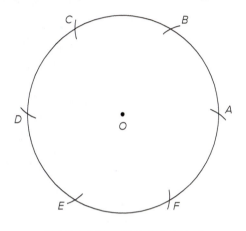

Dica: 360° : 3 = 120°

6. O octógono é o polígono de 8 lados. Para traçar um octógono regular inscrito em uma circunferência, devemos traçar 8 ângulos centrais congruentes. Qual deve ser a medida desses ângulos?

7. Na ilustração abaixo, vemos um pentágono regular inscrito numa circunferência. Determine x, y e z.

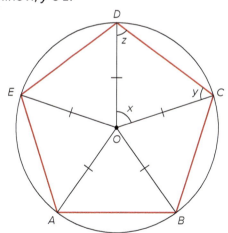

8. Quantos lados tem um eneágono regular? Para traçar um eneágono regular inscrito numa circunferência, que medida devemos usar nos ângulos centrais?

AQUI TEM MAIS

O estilo arquitetônico denominado gótico surgiu por volta de 1050, na Idade Média. Entre suas características importantes, estão os **arcos e a combinação de arcos de circunferência**. O estilo gótico pode ser encontrado em muitas catedrais e mosteiros da Europa, entre eles o Mosteiro da Batalha, em Portugal, e a Catedral de Notre-Dame, em Paris, classificada pela Unesco como Patrimônio Mundial da Humanidade.

Veja como foi traçada a composição de arcos utilizada nesta janela.

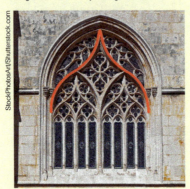
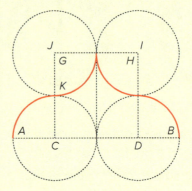

↑ Mosteiro de Santa Maria da Vitória, conhecido como Mosteiro da Batalha, em Portugal, construído entre 1386 e 1563.

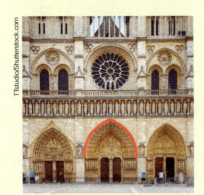
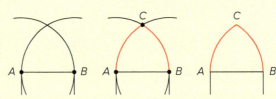

Dois arcos se combinam no traçado desse arco gótico.

↑ Catedral de Notre-Dame, em Paris, construída entre 1163 e 1245.

EXERCÍCIOS

COMPLEMENTARES

9. Estas duas circunferências são concêntricas (centro O).

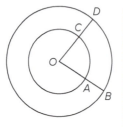

a) Se $A\hat{O}C = 70°$, qual é a medida de $D\hat{O}B$?

b) Os arcos $\overset{\frown}{AC}$ e $\overset{\frown}{BD}$ têm o mesmo comprimento? Eles têm mesma medida angular?

10. A circunferência ao lado foi dividida em 16 partes iguais. Determine x e y.

11. O quadrado ao lado está inscrito numa circunferência cujo raio mede 2 cm. Qual é a medida da diagonal AC?

172

PANORAMA

FAÇA AS ATIVIDADES A SEGUIR E REVEJA O QUE VOCÊ APRENDEU.

12. O triângulo equilátero *ABC* está inscrito numa circunferência. Então *x* e *y* são respectivamente iguais a:

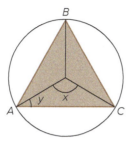

a) 120° e 60°. b) 140° e 20°. c) 120° e 30°. d) 140° e 60°.

13. O quadrado *ABCD* está inscrito numa circunferência de centro *O*. O triângulo *AOD* é:

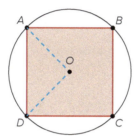

a) isósceles e acutângulo.
b) isósceles e retângulo.
c) equilátero.
d) escaleno e obtusângulo.

14. Para traçar um polígono regular inscrito, dividi a circunferência em partes iguais, com ângulos centrais de 15° cada um. O polígono regular que tracei tem:

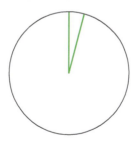

a) 8 lados. b) 9 lados. c) 10 lados. d) 12 lados. e) 24 lados.

15. O pentágono regular *ABCDE* está inscrito na circunferência de centro *O*. Então $B\hat{O}C$ e $C\hat{B}O$ medem respectivamente:

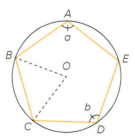

a) 72° e 108°. b) 108° e 72°. c) 72° e 54°. d) 54° e 72°. e) 108° e 54°.

173

CAPÍTULO 20
Área de polígonos e área do círculo

Área de polígonos

Nos livros do 6º e do 7º ano aprendemos a calcular a área de vários polígonos. Relembre:

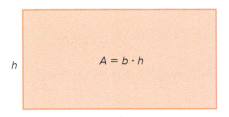

Retângulo. $A = b \cdot h$

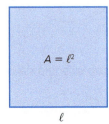

Quadrado. $A = \ell^2$

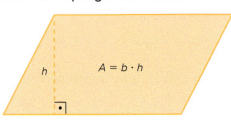

Paralelogramo. $A = b \cdot h$

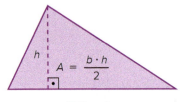

Triângulo. $A = \dfrac{b \cdot h}{2}$

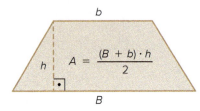

Trapézio. $A = \dfrac{(B + b) \cdot h}{2}$

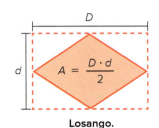

Losango. $A = \dfrac{D \cdot d}{2}$

Veja exemplos da aplicação das fórmulas acima:

A.

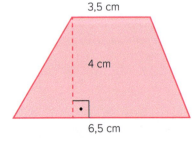

A área do losango ao lado é calculada fazendo

$A = \dfrac{D \cdot d}{2} \;\Rightarrow\; A = 5 \cdot 3{,}5 = 17{,}5 \text{ cm}^2$

B. No trapézio a seguir, a base maior mede 6,5 cm, a base menor, 3,5 cm e a altura mede 4 cm.

A área do trapézio é: $A = \dfrac{(6{,}5 + 3{,}5) \cdot 4}{2} = \dfrac{10 \cdot 4}{2} = 20 \text{ cm}^2$.

Problemas que envolvem área de polígonos

Muitas situações do cotidiano e do mundo do trabalho são resolvidas utilizando conhecimentos sobre a área de polígonos. Veja dois exemplos a seguir.

A. Adriana fez um desenho do terreno que comprou e anotou as medidas. Para calcular a área do terreno, ela o decompôs em dois polígonos cujas áreas sabe calcular: um retângulo e um trapézio.

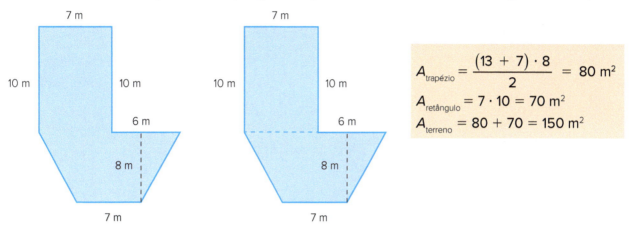

$$A_{trapézio} = \frac{(13 + 7) \cdot 8}{2} = 80 \text{ m}^2$$
$$A_{retângulo} = 7 \cdot 10 = 70 \text{ m}^2$$
$$A_{terreno} = 80 + 70 = 150 \text{ m}^2$$

B. Um painel feito em vidro será formado por 8 peças retangulares com as formas e medidas ilustradas abaixo. O metro quadrado de vidro transparente custa R$ 80,00 e o de vidro verde-claro, R$ 100,00. Quanto custará o painel completo?

A figura colorida em verde-claro é um losango, pois tem diagonais perpendiculares que se cortam em seu ponto médio.

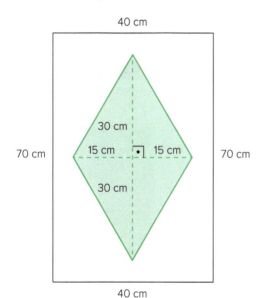

Calculando a área do losango:

$D = 60$ cm e $d = 30$ cm

$$A_{losango} = \frac{60 \cdot 30}{2} = 900 \text{ cm}^2$$

Se da área do retângulo subtrairmos a área do losango, obteremos a área que será ocupada pelo vidro transparente.

$$A_{retângulo} = 70 \cdot 40 = 2800 \text{ cm}^2$$
$$A_{vidro\ branco} = 2800 - 900 = 1900 \text{ cm}^2$$

Lembrando que $1 \text{ m}^2 = 10\,000 \text{ cm}^2$, temos: $A_{losango} = 0{,}09 \text{ m}^2$ e $A_{vidro\ branco} = 0{,}19 \text{ m}^2$

Gasto por peça:
- Vidro verde: $0{,}09 \cdot 100 = 9$.
- Vidro transparente: $0{,}19 \cdot 80 = 15{,}2$.

Total: $9 + 15{,}2 = 24{,}2$, ou seja, R$ 24,20 por peça.
Como são 8 peças, basta fazer $24{,}20 \cdot 8 = 193{,}60$.
Resposta: O painel custará R$ 193,60.

EXERCÍCIOS DE FIXAÇÃO

1. Calcule a área de cada polígono a seguir.

   a)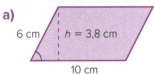

   b)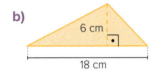

   c)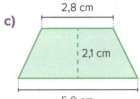

   d)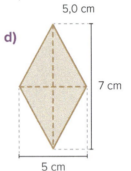

2. Adelaide tem um terreno retangular com 300 m² de área. Se a frente mede 12 m, quantos metros o terreno tem de fundos?

   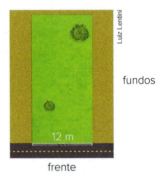

3. Um espelho plástico de tomada, parecido com o da foto, tem a forma de um retângulo que mede 11 cm por 6,5 cm. A abertura central é quadrada com lado de 4,2 cm. Qual é a área desse espelho?

4. A figura abaixo é o modelo de um sinal em forma de seta que será pintado no piso de um parque. Com 1 litro da tinta escolhida é possível pintar até 5,3 m² de piso. No mínimo, quantos litros de tinta serão necessários se não é possível comprar frações de litros?

   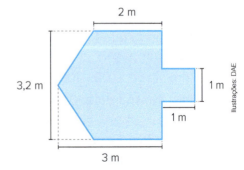

176

Revisando o comprimento de uma circunferência

Um processo experimental

Vamos contornar uma tampa circular com um barbante, conforme mostra a figura. Ao esticarmos esse barbante, obtemos um segmento de reta cujo comprimento é igual ao comprimento da circunferência.

Depois, medimos o diâmetro da tampa. Ao dividirmos o comprimento da circunferência pelo diâmetro, obtemos aproximadamente 3,14.

$$\frac{\text{comprimento do barbante}}{\text{diâmetro da tampa}} \cong 3,14$$

Esse número é representado pela letra grega π (lê-se: pi).

Então: $\dfrac{C}{2r} = \pi \Rightarrow C = 2r \cdot \pi \Rightarrow C = 2\pi r$

onde C é o comprimento da circunferência e r é o raio.

Devemos lembrar que a razão acima não é exata, pois o número π que a representa é um número com infinitas casas decimais e não apresenta período. $\pi = 3{,}141592653\ldots$

A forma da circunferência é frequente no mundo real. Veja a seguir um exemplo de aplicação do cálculo do comprimento de uma circunferência.

A roda-gigante da foto é a quarta maior do planeta e se localiza na China, na cidade de Weifang. Se essa roda tem 125 m de diâmetro, quantos metros aproximadamente a cadeirinha percorre em uma volta completa?

Usaremos $\pi = 3{,}14$.

$C = 2 \cdot \pi \cdot r = 125 \cdot 3{,}14 = 392{,}5$ m

Resposta: Percorre aproximadamente 392,5 m.

→ Roda-gigante em Weifang, Shandong, província da China.

EXERCÍCIOS DE FIXAÇÃO

Para os exercícios a seguir, considere π = 3,14.

5. (Cefet-RN) Um *disco laser* tem diâmetro igual a 11,8 cm. O comprimento de sua circunferência é de aproximadamente:

a) 3,6 cm.
b) 37,05 cm.
c) 74,1 cm.
d) 118 cm.

6. Quantas voltas uma roda desta bicicleta faz para percorrer 1099 m?

7. Quantos metros percorre uma pessoa que dá 8 voltas em torno desta pista?

8. Roberta decorou um frasco cilíndrico colocando duas fitas iguais em volta dele, como mostra a figura abaixo. Determine o comprimento da fita que ela usou.

9. O perímetro da figura abaixo é:

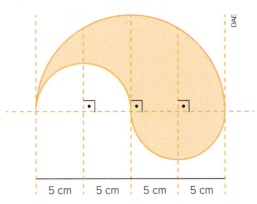

a) 15,7 cm.
b) 31,4 cm.
c) 47,1 cm.
d) 62,8 cm.

10. Em uma engrenagem, a roda grande, de raio 75 cm, faz 90 voltas, enquanto a pequena dá 150 voltas. Qual é o raio da roda pequena?

11. (Fatec-SP) Em um motor há duas polias ligadas por uma correia, de acordo com o esquema abaixo.

Se cada polia tem raio de 10 cm e a distância entre seus centros é 30 cm, qual das medidas abaixo mais se aproxima do comprimento da correia?

a) 50 cm
b) 92,8 cm
c) 102,4 cm
d) 122,8 cm

Área do círculo

Um processo experimental

Considere o círculo da figura dividido em 16 partes congruentes.

"fatias"

Vamos recortar essas "fatias" e encaixá-las convenientemente, de forma a compor a seguinte figura:

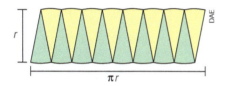

Essa figura montada lembra um paralelogramo.

Essa figura tem o formato parecido com o formato de um paralelogramo, cuja base é quase a metade do comprimento da circunferência e a altura é quase igual ao raio. Quanto mais "fatias", mais próximas ficam essas medidas. A figura nos mostra que a área de um círculo é:

$$\text{Área} = \pi r \cdot r \Rightarrow \boxed{A = \pi r^2}$$

Exercícios resolvidos

1. Calcule a área de um círculo cujo diâmetro mede 8 cm.
   Solução:
   $A = \pi \cdot r^2$
   $A = 3{,}14 \cdot 4^2$
   $A = 3{,}14 \cdot 16$
   $A = 50{,}24$
   Resposta: $50{,}24$ cm².

2. Determine a área da parte sombreada da figura.

   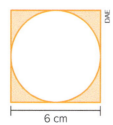
   6 cm

   Solução:
   Área = (Área do quadrado) − (Área do círculo).
   Área do quadrado ⟶ $A_q = 6^2 = 36$
   Área do círculo ⟶ $A_c = \pi \cdot 3^2 = 9\pi$
   Área da figura ⟶ $A_f = 36 - 9\pi$
   $= 36 - 9 \cdot 3{,}14$
   $= 36 - 28{,}26$
   $= 7{,}74$

   Resposta: $7{,}74$ cm².

EXERCÍCIOS
DE FIXAÇÃO

12. Calcule a área de cada círculo a seguir.

a) b)

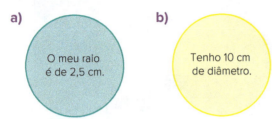

13. Calcule a área desta figura.

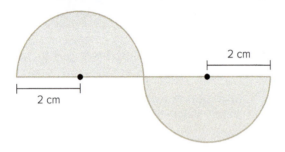

14. Nesta figura, as duas circunferências têm o mesmo centro. Calcule a área da figura colorida, chamada de coroa circular (medidas em cm).

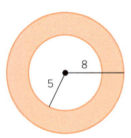

15. Na casa de dona Helena há uma mesa redonda com 1,20 m de diâmetro. Em dias de visitas, há necessidade de abrir a mesa, e duas tábuas retangulares de 1,20 m por 0,5 m são acrescentadas. Determine a área da mesa nos dias de visita.

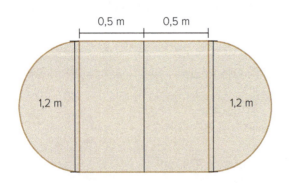

16. Calcule a área da parte colorida das figuras a seguir.

a) b)

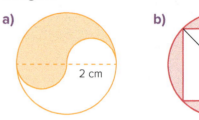

17. A área colorida na figura abaixo é:

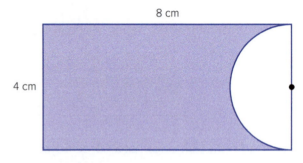

a) 5,72 cm².

b) 19,44 cm².

c) 25,72 cm².

d) 38,28 cm².

18. (Fuvest-SP) Um comício político lotou uma praça semicircular de 130 m de raio. Admitindo uma ocupação média de 4 pessoas por m², qual é a melhor estimativa do número de pessoas presentes?

a) Dez mil.

b) Cem mil.

c) Um milhão.

d) Meio milhão.

19. Calcule a área das partes coloridas supondo as medidas em centímetros.

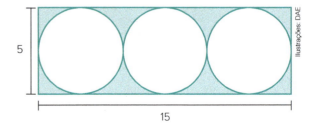

AQUI TEM MAIS

Vamos obter a fórmula da área do círculo utilizando outra estratégia: a aproximação com a área de um triângulo.

Sabemos que $A_{triângulo} = \dfrac{b \cdot h}{2}$.

Se o triângulo é retângulo, tomando um dos catetos como base, a altura é o outro cateto. Vamos para o círculo.

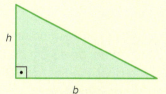

Imagine uma corda enrolada como vemos na ilustração.

Ainda na imaginação, pense no círculo como a figura formada por infinitos círculos concêntricos como se fosse a corda enrolada, mas uma **corda tão fina quanto se queira**, de modo que a superfície do círculo maior fique completamente preenchida por esses círculos.

Traçamos um raio no círculo. Imagine "cortar" o círculo por esse raio e, então, abrir as linhas obtidas:

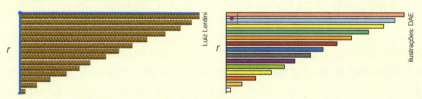

A área do círculo aproxima-se da área de um triângulo. Quanto maior o número de círculos concêntricos, mais próximo da área do triângulo ficamos.

Observe que a linha de maior comprimento é exatamente a de comprimento igual ao da circunferência do círculo que é dado por:

$$2 \cdot \pi \cdot r$$

Então, a base do triângulo é $2 \cdot \pi \cdot r$.

A altura é o raio r do círculo.

$$A_{triângulo} = \dfrac{b \cdot h}{2} = \dfrac{2 \cdot \pi \cdot r \cdot r}{2} = \pi \cdot r^2$$

$$A_{círculo} = \pi \cdot r^2$$

EXERCÍCIOS COMPLEMENTARES

20. Qual é a área da região colorida da figura ao lado?

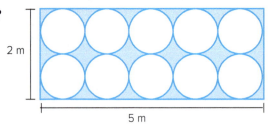

21. (Unicamp-SP) Em um restaurante, uma família pede uma *pizza* grande, de 43 cm de diâmetro, e outra família pede duas médias, de 30 cm de diâmetro. Qual família come mais *pizza*?

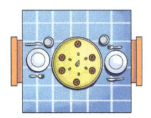 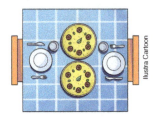

22. Calcule a área da parte colorida de cada figura a seguir sabendo que o raio do círculo maior mede 2 cm.

a)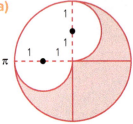

b)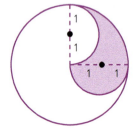

23. A figura ao lado representa um muro retangular de 3 m de altura por 12 m de comprimento, no qual estão pintados discos com raio de 1,5 m. Qual é a razão entre a área ocupada pelos discos e a área total do muro? Use $\pi = 3$.

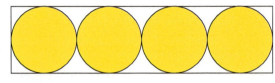

24. (Enem) O prefeito de uma cidade deseja promover uma festa popular no parque municipal para comemorar o aniversário de fundação do município. Sabe-se que esse parque possui formato retangular, com 120 m de comprimento por 150 m de largura. Além disso, para segurança das pessoas presentes no local, a polícia recomenda que a densidade média, num evento dessa natureza, não supere quatro pessoas por metro quadrado.

Seguindo as recomendações de segurança estabelecidas pela polícia, qual é o número máximo de pessoas que poderão estar presentes na festa?

a) 1 000   b) 4 500   c) 18 000   d) 72 000   e) 120 000

25. Na figura ao lado há 4 semicírculos, dois a dois tangentes entre si e inscritos em um retângulo. Se o raio de cada semicírculo é 5 cm, qual é a área da região sombreada? Use: $\pi = 3,14$.

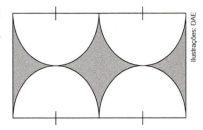

PANORAMA

FAÇA AS ATIVIDADES A SEGUIR E REVEJA O QUE VOCÊ APRENDEU.

26. (SEE-RJ) Uma piscina tem formato circular. Sabendo-se que o seu raio é igual a 3,5 m, pode-se dizer que a área do fundo da piscina é, em m², de:

a) 38,465.
b) 384,65.
c) 3846,5.
d) 3,8465.

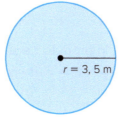

27. (Cesgranrio-RJ) De uma peça quadrada de madeira de 2,2 m de lado, um marceneiro recortou um tampo de mesa perfeitamente redondo, com o maior diâmetro possível. Qual é a área aproximada, em m², desse tampo de madeira?

a) 3,8
b) 6,9
c) 9,6
d) 13,8

28. (Saresp) Juliana colocou um copo molhado sobre a mesa, e nela ficou a marca da base circular do copo. A área da marca é de 16π cm². O diâmetro da base do copo é:

a) 4 cm.
b) 8 cm.
c) 16 cm.
d) 5,7 cm.

29. (Ceeteps-SP) Na figura do *compact disc* (CD), a área colorida que se destina à gravação mede:

a) 32,15π cm².
b) 36,12π cm².
c) 34,50π cm².
d) 33,75π cm².

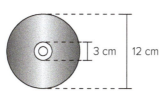

30. (OCM-CE) Na figura, as duas circunferências tangentes possuem raio 1 cm. A área destacada mede, em cm²:

a) π.
b) $\frac{\pi}{4}$.
c) 4 − π.
d) 2 − $\frac{\pi}{4}$.

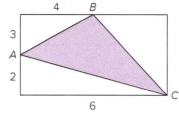

31. Qual é a área do triângulo ABC abaixo?

a) 23
b) 17
c) 15
d) 13

32. (UFJF-MG) Uma janela foi construída com a parte inferior retangular e a parte superior no formato de um semicírculo, como mostra a figura abaixo.

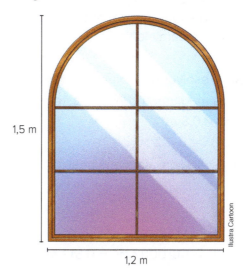

Se a base da janela mede 1,2 metro e a altura total 1,5 metro, dentre os valores abaixo, o que melhor aproxima a área total da janela, em metros quadrados, é:

a) 1,40.
b) 1,65.
c) 1,85.
d) 2,21.

183

CAPÍTULO 21

Volumes e capacidades

Volume de paralelepípedos

O volume de um paralelepípedo retângulo é calculado pelo produto de suas dimensões.

Volume = comprimento (c) × largura (ℓ) × altura (a), ou seja: $V = c \cdot \ell \cdot a$.

Exemplos:

A. O volume de um paralelepípedo com 10 cm de comprimento, 6,5 cm de largura e 4 cm de altura é:
$V = 10 \cdot 6,5 \cdot 4 = 260$ cm³.

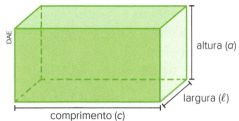

↑ Paralelepípedo retângulo.

B. A aresta de uma caixa-d'água cúbica mede 80 cm. Quantos metros cúbicos de água são necessários para enchê-la completamente?
O cubo é o paralelepípedo em que $c = \ell = a$.

$$V_{cubo} = a \cdot a \cdot a = a^3$$

Vamos resolver o problema de duas maneiras.

- Com as medidas já convertidas em metro:

80 cm = 0,8 m

$V = 0,8^3 = 0,512$ m³

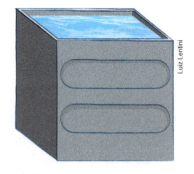

- Com as medidas em centímetro, convertendo o volume para metros cúbicos:

$V = 80^3 = 512\,000$ cm³ = 0,512 m³

> Lembrando...
> 1 m = 100 cm
> 1 m³ = 1 m · 1 m · 1 m = 100 cm · 100 cm · 100 cm = 1 000 000 cm³
> Para converter cm³ em m³, dividimos por 1 000 000, ou seja, deslocamos a vírgula 6 casas para a esquerda.

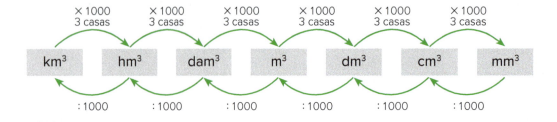

Resolvendo problemas

Acompanhe exemplos de problemas que envolvem o cálculo do volume de paralelepípedos.

A. Uma fábrica faz barras de chocolate na forma de paralelepípedo com as medidas marcadas na ilustração abaixo.

A densidade d de uma substância é calculada pela razão $d = \dfrac{m}{V}$, em que m é a massa da substância e V é seu volume.

A densidade do chocolate fabricado é de 1,5 g/cm³.

Qual é a massa de cada barra?

> Isso significa que cada 1 cm³ de chocolate tem massa de 1,5 g.

Resolução:

$V = 15 \cdot 6 \cdot 1 = 90$ cm³

Se cada cm³ tem massa de 1,5 g, então

$$m = 90 \cdot 1{,}5 = 135 \text{ g}.$$

Cada barra tem massa de 135 g.

B. Uma embalagem de sorvete terá a forma de paralelepípedo com base retangular de 12 cm por 10 cm. A embalagem deverá conter 1800 cm³ de sorvete. Qual deve ser a altura mínima da embalagem para que caiba esse volume?

Resolução:
$V = 12 \cdot 10 \cdot a$
$1800 = 120a$
$a = 15$ cm
A altura mínima é de 15 cm.

C. A soma de todas as arestas de um cubo é igual a 36 cm. Qual é o volume desse cubo?

Resolução:

Um cubo tem 12 arestas.

Como $36 : 12 = 3$, a aresta do cubo mede 3 cm.

$V = 3^3 = 27$ cm³

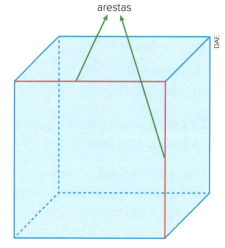

185

EXERCÍCIOS
DE FIXAÇÃO

1. Calcule o volume, em metros cúbicos, do reservatório de água em forma de paralelepípedo representado abaixo.

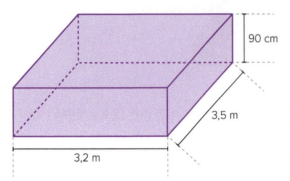

2. (Enem) A siderúrgica "Metal Nobre" produz diversos objetos maciços utilizando o ferro. Um tipo especial de peça feita nessa companhia tem o formato de um paralelepípedo retangular, de acordo com as dimensões indicadas na figura que segue.

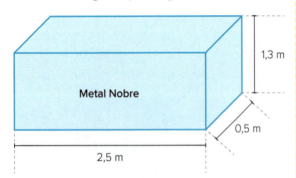

O produto das três dimensões indicadas na peça resultaria na medida da grandeza:

a) massa.
b) volume.
c) superfície.
d) capacidade.
e) comprimento.

3. Calcule o volume de um cubo sabendo que cada face tem área igual a 25 cm².

4. Um paralelepípedo retângulo tem volume de 320 cm³. Determine o comprimento desse sólido sabendo que ele mede o dobro da largura e a altura é de 10 cm.

5. Os três cubos empilhados abaixo são idênticos e ocupam, juntos, 24 cm³ de volume. Qual é a medida da aresta de cada cubo?

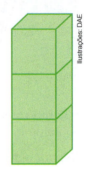

6. Dois cubos maciços de ferro com arestas de 4 cm e de 6 cm foram derretidos para moldar um paralelepípedo com base retangular de 7 cm por 4 cm. Qual será a medida da altura desse paralelepípedo?

7. (Fuvest-SP) Um tanque em forma de paralelepípedo tem por base um retângulo horizontal de lados 0,8 m e 1,2 m. Um indivíduo, ao mergulhar completamente no tanque, faz o nível da água subir 0,075 m. Então o volume do indivíduo, em m³, é:

a) 0,066.
b) 0,072.
c) 0,096.
d) 0,600.
e) 1,000.

8. A letra **H** abaixo foi esculpida em uma peça de isopor com aresta de 12 cm. Calcule o volume dessa letra.

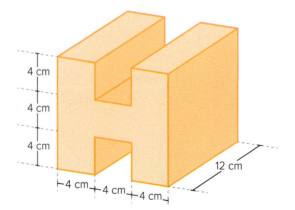

Relações entre medidas de capacidade e de volume

Em geral, as medidas de volume são utilizadas para medir o espaço ocupado por corpos, objetos etc., ao passo que as medidas de capacidade se associam à ideia de "quanto cabe".

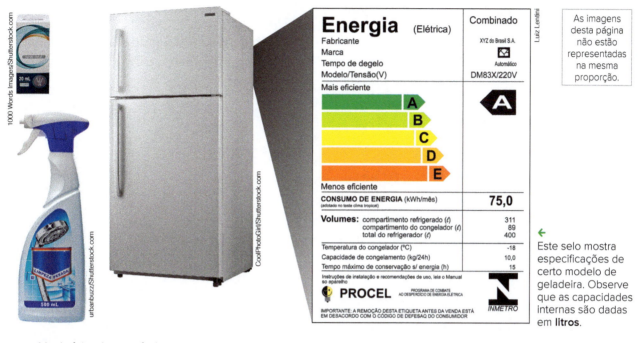

Este selo mostra especificações de certo modelo de geladeira. Observe que as capacidades internas são dadas em **litros**.

As imagens desta página não estão representadas na mesma proporção.

No início do capítulo, retomamos as principais unidades de medida de volume. Vamos rever as unidades de medida de capacidade e estabelecer relações que possibilitam fazer conversões de uma unidade para outra.

As unidades de medida de capacidade mais usuais são o **litro (L)** e o **mililitro (mL)**.

O mililitro é a milésima parte do litro:

$$1\,L = 1000\,mL$$

Há outros múltiplos e submúltiplos do litro que são pouco utilizados.

quilolitro	hectolitro	decalitro	litro	decilitro	centilitro	mililitro
kL	hL	daL	L	dL	cL	mL
1000 L	100 L	10 L	1 L	0,1 L	0,01 L	0,001 L

A equivalência fundamental entre medidas de volume e de capacidade é:
$1\,dm^3 = 1\,L$.

1 litro é a capacidade de um cubo com 1 dm (10 cm) de aresta

Dessa igualdade decorrem outras duas:

$1\,m^3 = 1\,m \times 1\,m \times 1\,m = 10\,dm \times 10\,dm \times 10\,dm = 1000\,dm^3$

Então, **$1\,m^3$ = 1000 L**.

$1\,dm^3 = 1\,dm \times 1\,dm \times 1\,dm = 10\,cm \times 10\,cm \times 10\,cm = 1000\,cm^3$

$1\,L = 1000\,cm^3 = 1000\,mL$, ou seja, **$1\,cm^3 = 1\,mL$**

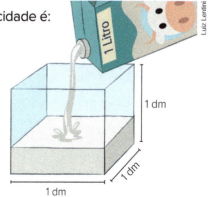

EXERCÍCIOS
DE FIXAÇÃO

9. As medidas de um reservatório em forma de paralelepípedo estão indicadas na ilustração a seguir. Quantos litros de água são necessários para enchê-lo completamente?

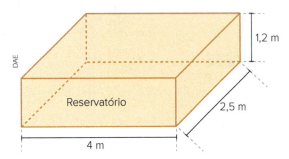

10. A tabela abaixo mostra o consumo de água, em metros cúbicos, de uma família com 4 pessoas nos meses de janeiro, fevereiro, março e abril de certo ano.

Mês	Consumo
jan.	16 m^3
fev.	18 m^3
mar.	15 m^3
abr.	17 m^3

a) Qual foi o consumo total de água, em litros, da família nesse período?

b) Calcule o consumo médio mensal de água, em litros, por pessoa.

11. Faça as conversões indicadas.

a) 0,95 m^3 em L

b) 34 cm^3 em mL

c) 5 600 L em m^3

d) 0,78 L em mL

e) 250 L em m^3

f) 370 cm^3 em L

g) 0,003 m^3 em mL

h) 240 000 mL em m^3

12. Quantos copos com capacidade de 200 mL são necessários para encher uma jarra com capacidade de 2,8 L?

13. Um cubo maciço com aresta de 1 cm feito de chumbo tem 11,6 g de massa. Determine a massa, em gramas, de um cubo com 2 cm de aresta.

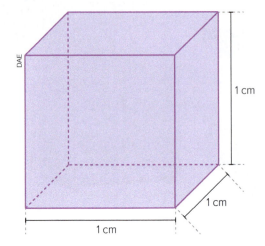

14. Um caminhão-tanque despeja combustível em um tanque vazio em forma de cubo com aresta de 3 m.

a) Qual é a capacidade do tanque em litros?

b) Se o caminhão descarrega 100 L de combustível por minuto, quanto tempo levará para encher o tanque cúbico até a borda?

15. Um xarope é vendido em vidros com 60 cm^3 do medicamento. Rafael deve tomar o conteúdo todo do vidro em doses de 5 mL a cada 8 horas.

a) Quantas doses do remédio ele vai tomar?

b) Quantos dias durará o tratamento?

16. Um recipiente em forma de paralelepípedo fica completamente cheio quando despejamos 2,4 L de água nele. Se a base desse recipiente é um retângulo que mede 12 cm por 8 cm, qual é sua altura?

17. Qual é a medida, em centímetros, da aresta de um cubo cuja capacidade máxima é 8 L?

EXERCÍCIOS
COMPLEMENTARES

18. Em 200 mL de certo refrigerante há 21 g de açúcar. Quem consome 0,5 L desse refrigerante por dia, em 30 dias ingere quantos gramas de açúcar?

19. No rótulo de certo tira-manchas para lavagem de roupas, recomenda-se utilizar 50 mL do produto para cada 5 L de água.

   a) A quantidade de tira-manchas corresponde a que porcentagem da quantidade de água?

   b) Quantos mililitros do produto devem ser adicionados a 8 L de água?

20. Uma indústria farmacêutica produziu 87 L de determinado medicamento que será dividido em ampolas com 30 cm³ cada uma. Quantas ampolas serão utilizadas?

21. (PUC-SP) Às 8 horas de certo dia, um tanque, cuja capacidade é de 2 000 litros, estava cheio de água; entretanto, um furo na base desse tanque fez com que a água por ele escoasse a uma vazão constante. Se às 14 horas desse mesmo dia o tanque estava com apenas 1 760 litros, então a água em seu interior se reduziu à metade às:

   a) 21 horas do mesmo dia.   **c)** 4 horas do dia seguinte.   **e)** 9 horas do dia seguinte.
   b) 23 horas do mesmo dia.   **d)** 8 horas do dia seguinte.

22. Um reservatório cúbico com aresta de 4 m está completamente cheio com certo líquido. Todo esse líquido será transportado para outro reservatório em forma de paralelepípedo retângulo cujas arestas da base medem 2 m e 8 m. Que altura o líquido atinge no paralelepípedo retângulo?

   a) 2   **b)** 3   **c)** 4   **d)** 5   **e)** 6

23. (Fadesp-PA) Sabendo-se que uma pessoa consome aproximadamente 800 metros cúbicos de água por ano e que o planeta dispõe de, no máximo, 9 000 quilômetros cúbicos de água para o consumo por ano, pode-se afirmar que a capacidade máxima de habitantes que o planeta suporta, considerando-se apenas a disponibilidade de água para consumo, é aproximadamente:

   a) 11 100 000 000.   **c)** 11 250 000 000.
   b) 11 150 000 000.   **d)** 11 350 000 000.

24. (Fatec-SP) O sólido da figura é formado por cubos de aresta 1 cm, os quais foram sobrepostos e/ou colocados lado a lado.
Para se completar esse sólido, formando um paralelepípedo reto retângulo com dimensões 3 cm × 3 cm × 4 cm, são necessários *N* cubos de aresta 1 cm.
O valor mínimo de *N* é:

   a) 13.   **d)** 25.
   b) 18.   **e)** 27.
   c) 19.

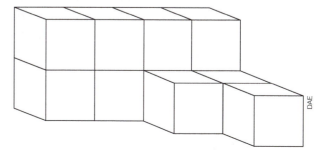

CURIOSO É...

O Sistema Internacional de Unidades (SI) foi criado com base no sistema métrico decimal, expandindo-o para contemplar medidas de outras grandezas que surgiram com o progresso da humanidade. O SI tem sete unidades básicas, cada uma delas representada por uma unidade e seu símbolo, como mostrado no quadro ao lado.

Apenas cinco países ainda não aderiram oficialmente ao sistema internacional: Myanmar, Jamaica, Gâmbia, Maláui e Libéria. No Reino Unido, o uso do sistema métrico é obrigatório no comércio, na saúde, na segurança e na administração, mas lá são usadas também medidas em milhas, polegadas ou pés no dia a dia. Nos Estados Unidos (que só aceitaram o sistema métrico em 1866), o SI foi adotado em 1959, mas, na prática, unidades que não pertencem a esse sistema aparecem com frequência, entre elas o galão e a jarda.

Unidades básicas do SI

Grandeza	Unidade	Símbolo
comprimento	metro	m
massa	quilograma	kg
tempo	segundo	s
corrente elétrica	ampère	A
temperatura	kelvin	K
quantidade de matéria	mol	mol
intensidade luminosa	candela	cd

EXERCÍCIOS SELECIONADOS

25. (IFSul-RS) Um tanque vazio, com formato de paralelepípedo reto retângulo, tem comprimento de 8 metros, largura de 3 metros e altura de 1,5 metro. Esse tanque é preenchido com óleo a uma vazão de 1000 litros a cada 15 minutos. Nesse sentido, após duas horas do início do preenchimento, a altura de óleo no interior do tanque atingirá, aproximadamente:

a) 24 cm.
b) 33 cm.
c) 1,05 cm.
d) 1,15 cm.

26. (UFRGS) O paralelepípedo reto A, com dimensões de 8,5 cm, 2,5 cm e 4 cm, é a reprodução em escala 1 : 10 do paralelepípedo B. Então, o volume do paralelepípedo B, em cm³, é:

a) 85.
b) 850.
c) 8 500.
d) 85 000.
e) 850 000.

27. (Cefet-MG) Deseja-se construir uma caixa-d'água no formato de um paralelepípedo retângulo, que armazene 18 000 litros de água, como mostra a figura. Sabe-se que o comprimento (c) é o dobro da largura (ℓ), que a altura (h) é $\frac{1}{3}$ da medida da largura (ℓ) e que 1 m³ equivale a 1000 litros de água. Nessas condições, a largura dessa caixa-d'água, em metros, é igual a:

a) 1,5.
b) 1,8.
c) 2,7.
d) 3,0.

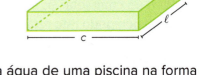

28. Para tratar a água de uma piscina na forma de paralelepípedo retangular de 8 m por 6 m por 1,8 m, são necessários 2 pacotes de produto químico para cada 30 000 L de água. Quantos pacotes serão utilizados?

PANORAMA

FAÇA AS ATIVIDADES A SEGUIR E REVEJA O QUE VOCÊ APRENDEU.

29. Em um escritório, os funcionários consomem em 30 dias 50 garrafas de água com 1,5 L cada uma. Para reduzir gastos, decidiu-se comprar galões de 5 L de água. Para os mesmos 30 dias, serão necessários:
    a) 10 galões.
    b) 15 galões.
    c) 20 galões.
    d) 25 galões.

30. (Consultec-BA) Um reservatório, inicialmente vazio, com capacidade para 8 000 litros, recebe água à razão de 1600 cm³ por segundo.
    O tempo decorrido para que ele fique totalmente cheio é de:
    a) 1h 20min 40s.
    b) 1h 21min 30s.
    c) 1h 22min.
    d) 1h 23min 20s.
    e) 1h 24min 40s.

31. (Cefet-MG) Uma caixa, em forma de paralelepípedo reto retângulo, cujas dimensões são 800 mm de comprimento, 50 cm de largura e 6 dm de altura, tem volume igual a:
    a) 0,24 mm³.
    b) 0,24 cm³.
    c) 0,24 dm³.
    d) 0,24 m³.

32. (UFPR) A piscina usada nas competições de natação das Olimpíadas Rio 2016 possui as medidas oficiais recomendadas: 50 metros de extensão, 25 metros de largura e 3 metros de profundidade. Supondo que essa piscina tenha o formato de um paralelepípedo retângulo, qual dos valores abaixo mais se aproxima da capacidade máxima de água que essa piscina pode conter?
    a) 37 500 litros
    b) 375 000 litros
    c) 3 750 000 litros
    d) 37 500 000 litros
    e) 375 000 000 litros

33. De acordo com a Organização das Nações Unidas (ONU), 110 litros de água por dia são suficientes para atender às necessidades básicas de uma pessoa. Lembrando que, em geral, o consumo registrado na conta de água vem em metros cúbicos, uma família de 4 pessoas que consuma água segundo essa recomendação deve ter um consumo aproximado em 30 dias de:
    a) 4,4 m³.
    b) 13,2 m³.
    c) 44 m³.
    d) 132 m³.

34. (CMRJ) A Figura 1 representa um cubo de aresta 1 cm. Empilhando, como representado na Figura 2, oito cubos como aquele da Figura 1, podemos formar um cubo de aresta 2 cm. Da mesma maneira, empilhando, conforme a Figura 3, 27 cubos de aresta 1 cm, podemos formar um cubo de aresta 3 cm.

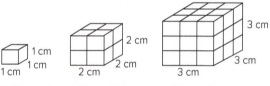

↑ Figura 1   ↑ Figura 2   ↑ Figura 3

A Figura 4 mostra parte de um cubo de aresta 6 cm que ainda não foi formado por completo.

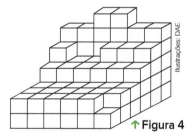

↑ Figura 4

O número de cubos de aresta 1 cm que falta empilhar para completar o cubo de aresta 6 cm é:
a) 104.
b) 107.
c) 109.
d) 111.
e) 113.

Referências

BARBOSA, J. L. M. *Geometria euclidiana plana*. Rio de Janeiro: Sociedade Brasileira de Matemática, 2004.

BARBOSA, R. M. *Descobrindo padrões em mosaicos*. São Paulo: Atual, 1993.

BOYER, C. B. *História da Matemática*. São Paulo: Edgard Blücher, 1996.

BRASIL. Ministério da Educação. Secretaria de Educação a Distância. Disponível em: <http://portal.mec.gov.br/seed>. Acesso em: jun. 2019.

BRUMFIEL, C. F.; EICHOLZ, R. E.; SHANKS, M. E. *Conceitos fundamentais da Matemática Elementar*. Rio de Janeiro: Ao Livro Técnico, 1972.

CENTRO de Aperfeiçoamento do Ensino de Matemática. Disponível em: <www.ime.usp.br/~caem>. Acesso em: jun. 2019.

COXFORD, A.; SHULTE, A. *As ideias da Álgebra*. São Paulo: Atual, 1995.

DINIZ, M. I. de S. V.; SMOLE, K. C. S. *O conceito de ângulo e o ensino de Geometria*. São Paulo: IME-USP, 2002.

FREUDENTHAL, H. *Mathematics as an educational task*. Dordrecht: D. Reidel, 1973.

GONÇALVES JÚNIOR, O. *Geometria plana e espacial*. São Paulo: Scipione, 1988. v. 6. (Coleção Matemática por Assunto.)

GUNDLACH, B. H. *Números e numerais*. São Paulo: Atual, 1994. (Coleção Tópicos de História da Matemática.)

HAZAN, S. *Combinatória e probabilidade*. São Paulo: Melhoramentos, 1977. (Coleção Fundamentos da Matemática.)

HEMMERLING, E. M. *Geometria elemental*. Cidade do México: Limusa Wiley, 1971.

IEZZI, G.; MURAKAMI, C. *Conjuntos e funções*. São Paulo: Atual, 2004. v. 1. (Coleção Fundamentos de Matemática Elementar.)

IFRAH, G. *Os números:* a história de uma grande invenção. Rio de Janeiro: Globo, 1992.

INSTITUTO de Matemática da UFRJ. Projeto Fundão. Disponível em: <www.projetofundao.ufrj.br>. Acesso em: jun. 2019.

LABORATÓRIO de Ensino de Matemática – Unicamp. Disponível em: <www.ime.unicamp.br/lem>. Acesso em: jun. 2019.

LABORATÓRIO de Ensino de Matemática – USP. Disponível em: <www.ime.usp.br/lem>. Acesso em: jun. 2019.

LIMA, E. L. *Áreas e volumes*. Rio de Janeiro: SBM, 1985. (Coleção Fundamentos de Matemática Elementar.)

LIMA, E. L. et al. *A Matemática do Ensino Médio*. Rio de Janeiro: SBM/IMPA, 1999. v. 1, 2 e 3.

MACHADO, N. J. *Lógica, conjuntos e funções*. São Paulo: Scipione, 1988. v. 1. (Coleção Matemática por Assunto.)

MACHADO, N. J. *Medindo comprimentos*. São Paulo: Scipione, 1992. (Coleção Vivendo a Matemática.)

MACHADO, N. J. *Polígonos, centopeias e outros bichos*. São Paulo: Scipione, 1992. (Coleção Vivendo a Matemática.)

MELLO E SOUZA, J. C. de. *Matemática divertida e curiosa*. Rio de Janeiro: Record, 2009.

MOISE, E. E.; DOWNS, F. L. *Geometria moderna*. São Paulo: Edgard Blücher, 1975.

MONTEIRO, J. *Elementos de Álgebra*. Rio de Janeiro: LTC, 1989.

NIVEN, I. *Números:* racionais e irracionais. Rio de Janeiro: SBM, 1984. (Coleção Fundamentos da Matemática Elementar.)

REDEMATTIC. Disponível em: <www.malhatlantica.pt/mat/>. Acesso em: jun. 2019.

SOCIEDADE Brasileira de Educação Matemática. Disponível em: <www.sbem.com.br>. Acesso em: jun. 2019.

SOUZA, E. R. de; DINIZ, M. I. de S. V. *Álgebra:* das variáveis às equações e funções. São Paulo: Caem-IME-USP, 1995.

STRUIK, D. J. *História concisa das Matemáticas*. Lisboa: Gradiva, 1997.

TINOCO, L. A. *Geometria euclidiana por meio de resolução de problemas*. Rio de Janeiro: IM-UFRJ (Projeto Fundão), 1999.

WALLE, J. A. V. de. *Matemática no Ensino Fundamental*. Porto Alegre: Artmed, 2009.